AF217669

S	R	O	T	E	K
935	756	7	103	45	810

360

523

525

90 · 7 = _____ ____

829 − 784 = _____ ____

5 · 9 = _____ ____

381 + 375 = _____ ____

450 : 10 = _____ ____

517 + 418 = _____ ____

60 · 9 = _____ ____

3 · 15 = _____ ____

3 · 97 = _____ ____

702 − 599 = _____

374 + 151

953
− 174

63 + 85

536 + 243

6 · 60

40 · 9

469
+ 54

1

	2	6	4
+	3	7	6

	4	2	8
+	1	7	5

	5	2	7
+		8	8

	1	4	9
+	4	7	4

	3	7	6
+	5	1	8

2

	3	7	3
+	1	1	5
+	1	4	7

	2	8	4
+	5	0	6
+	1	1	7

	4	0	5
+		9	3
+	2	8	8

	5	5	5
+	1	7	6
+	1	2	7

	1	3	6
+	3	0	9
+	4	6	2

3

	5	3	4
−	1	2	7

	8	1	4
−	2	7	7

	3	5	1
−		8	6

	4	2	7
−	3	9	4

	9	4	6
−	6	2	8

4 Subtrahiere schriftlich.

412 − 175   833 − 267   645 − 407   371 − 86

552 − 329   903 − 162   275 − 97   734 − 679

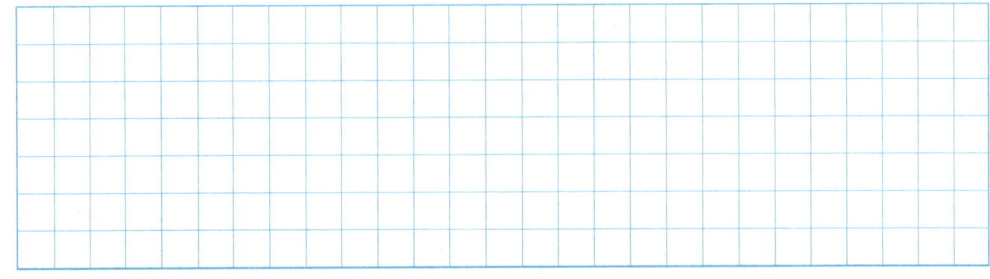

Inhaltsverzeichnis

Und wer vom Rechnen gar nicht genug bekommen kann:
www.zahlenzorro.de vermittelt Mathe mal anders.

www.zahlenzorro.de

- bietet spannende Themen für hohe Motivation von Klasse 1 bis 4
- motiviert mit dem persönlichen Punktekonto, der Urkunde, den Belohnungs-Orden, den Zorrozauber-Bildern sowie den Sammelstickern für das Zirkus-Sammelbild
- unterstützt die individuelle Förderung durch statistische Auswertungen
- ist lehrwerksunabhängig einsetzbar
- bietet Lizenzen für Eltern, Lehrkräfte und Schulen

Illustration: Iris Blanck

Mathematik

Apps

Apps mit Zahlenzorro zu den Themen
- Einmaleins
- Plus und Minus
- Uhrzeiten

finden Sie unter
www.westermann.de/ grundschul-apps
und in Ihrem App-Store.

Für Tablet und Smartphone optimiert!

Jetzt **www.zahlenzorro.de** kostenlos 14 Tage lang kennen lernen!
Einfach Testzugang einrichten.

L	M	W	N	D	I
291	630	540	30	418	720

1 Rechne und trage die Lösungsbuchstaben aus dem Kreuzfahrtschiff ein.

330 + 210 = _____ _____

860 − 140 = _____ _____

701 − 410 = _____ _____

121 + 170 = _____ _____

505 + 305 = _____ _____

680 − 673 = _____ _____

1000 − 370 = _____ _____

212 + 418 = _____ _____

377 − 332 = _____ _____

915 − 885 = _____

9 · 80 = _____ _____

240 : 8 = _____

443 − 25 = _____ _____

217 − 172 = _____ _____

338 + 418 = _____

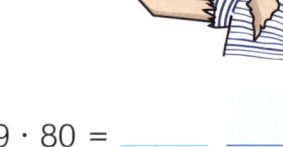

2 Rechne und male in den Farben der kleinen Boote an.

531
− 383

826
− 678

175
+ 348

234 + 540

900 − 121

5 Richtig oder falsch? Kreuze an. Verbessere falsche Aufgaben.

☐ richtig ☐ falsch

```
    5 1 8
  + 1 8 4
    1 1
  -------
    7 0 2
```

☐ richtig ☐ falsch

```
    3 5 2
  + 4 6 9
      1 1
  -------
    7 1 1
```

☐ richtig ☐ falsch

```
    1 3 7
  + 7 4 3
        1
  -------
    8 8 0
```

☐ richtig ☐ falsch

```
      4 8
  + 6 7 5
  -------
    6 1 3
```

☐ richtig ☐ falsch

```
    4 2 7
  + 4 2 7
        1
  -------
    8 3 4
```

☐ richtig ☐ falsch

```
    1 8 7
  + 2 5 6
    1 1
  -------
    4 4 3
```

6 Trage die fehlenden Ziffern ein.

```
    2 7 4            3 5          8              5            6 6
  +              + 3         +   2 3       + 3   4      + 3   5
  -------        -------     -------       -------      -------
    4 9 8          7 6 9       9 5 1         8 0 2        4 7
```

```
    6              3          7 1 3                          1
  -     2 5    - 5   4      -            - 6 2 1      - 7 6
  -------        -------     -------       -------      -------
    4 4 2          3 3 3       5 7 4         2 9 0        2 0 1
```

```
    3 6          4 6 2        8   4
  +       8    -            +   1
  -------        -------     -------
    9 1 4          2 3 7     1 0 0 1
```

STICKER

1

$2 \cdot 4 =$ _____	$2 \cdot 5 =$ _____	$4 \cdot 3 =$ _____
$2 \cdot 40 =$ _____	$2 \cdot 50 =$ _____	$4 \cdot 30 =$ _____
$2 \cdot 400 =$ _____	$2 \cdot 500 =$ _____	$4 \cdot 300 =$ _____
$20 \cdot 4 =$ _____	$20 \cdot 5 =$ _____	$40 \cdot 3 =$ _____
$20 \cdot 40 =$ _____	$20 \cdot 50 =$ _____	$40 \cdot 30 =$ _____

$4 \cdot 6 =$ _____	$3 \cdot 7 =$ _____	$5 \cdot 8 =$ _____
$4 \cdot 60 =$ _____	$3 \cdot 70 =$ _____	$5 \cdot 80 =$ _____
$4 \cdot 600 =$ _____	$3 \cdot 700 =$ _____	$5 \cdot 800 =$ _____
$40 \cdot 6 =$ _____	$30 \cdot 7 =$ _____	$50 \cdot 8 =$ _____
$40 \cdot 60 =$ _____	$30 \cdot 70 =$ _____	$50 \cdot 80 =$ _____

2   Immer drei Aufgaben gehören zusammen. Male passend an.

$43 \cdot 6 =$ _____	$78 \cdot 4 =$ _____	$52 \cdot 7 =$ _____
$70 \cdot 4 =$ _____	$40 \cdot 6 =$ _____	$50 \cdot 7 =$ _____
$8 \cdot 4 =$ _____	$2 \cdot 7 =$ _____	$3 \cdot 6 =$ _____

$36 \cdot 8 =$ _____	$29 \cdot 5 =$ _____	$84 \cdot 3 =$ _____
$80 \cdot 3 =$ _____	$30 \cdot 8 =$ _____	$20 \cdot 5 =$ _____
$9 \cdot 5 =$ _____	$4 \cdot 3 =$ _____	$6 \cdot 8 =$ _____

3 Rechne auf deinem Weg.

Wie rechnest du?

5 · 72 = _____

4 · 63 = _____

3 · 97 = _____

8 · 106 = _____

6 · 121 = _____

5 · 199 = _____

4 · 234 = _____

STICKER

1

:	2	20	4	40
80				
160				
400				
800				

:	8	80	4	40
160				
240				
320				
480				

:	3	30	6	60
180				
240				
600				
660				

:	5	50	3	30
150				
300				
600				
900				

2

270 : 30 = _____

270 : 90 = _____

27 : 9 = _____

27 : 3 = _____

270 : 3 = _____

270 : 9 = _____

24 : 4 = _____

24 : 6 = _____

240 : 4 = _____

240 : 6 = _____

240 : 60 = _____

240 : 40 = _____

35 : 7 = _____

35 : 5 = _____

350 : 50 = _____

350 : 70 = _____

350 : 7 = _____

350 : 5 = _____

3 Rechne auf deinem Weg.

Wie rechnest du?

64 : 4 = _____

87 : 3 = _____

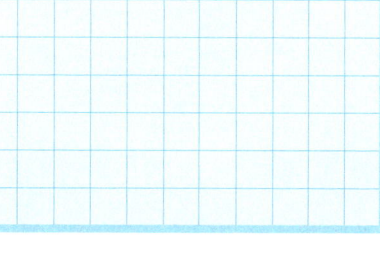

104 : 8 = _____

306 : 9 = _____

245 : 5 = _____

392 : 7 = _____

612 : 4 = _____

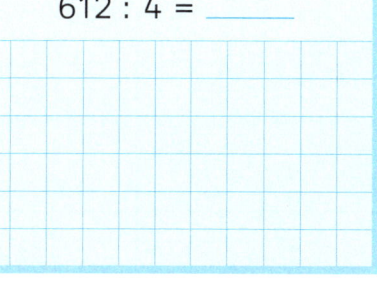

STICKER

1 Die Piraten Tarip und Tira segeln mit ihrem Schiff von Insel zu Insel, um den vergrabenen Goldschatz zu finden. Sie starten auf der Piraten-Insel. Ergänze die fehlenden Angaben. Folge der Pfeilrichtung.

Piraten-Insel	$\longrightarrow$	Südsee-Insel	207 km
Palmen-Insel	$\longrightarrow$	einsame Insel	_____ km
Südsee-Insel	$\longrightarrow$	Piraten-Insel	217 km
Piraten-Insel	$\longrightarrow$	Piraten-Insel	_____ km

2 Tarip und Tira benötigen für 30 km etwa 1 Stunde.

Wie lange brauchen die beiden für 15 Kilometer?

30 km	1 h
15 km	

Für 15 km brauchen Tarip und Tira _____.

Wie lange brauchen Tarip und Tira von der Hai-Insel bis zur Palmen-Insel?

30 km	1 h
15 km	

Die Piraten brauchen

_____.

Wie weit können Tarip und Tira in 14 Stunden segeln?

1 h	30 km
4 h	
10 h	

In 14 Stunden können sie

_____ km segeln.

Das entspricht in etwa der Entfernung von der Piraten-Insel bis zur _____Insel.

Wie lange brauchen Tarip und Tira von der einsamen Insel bis zur Piraten-Insel?

30 km	1 h

Sie brauchen _____.

STICKER

1 Welche Insel hat die größere Fläche?
Bestimme die Anzahl der Zentimeterquadrate.

2 Immer zwei Figuren haben den gleichen Flächeninhalt.
Bestimme die Anzahl der Zentimeterquadrate und male passend an.

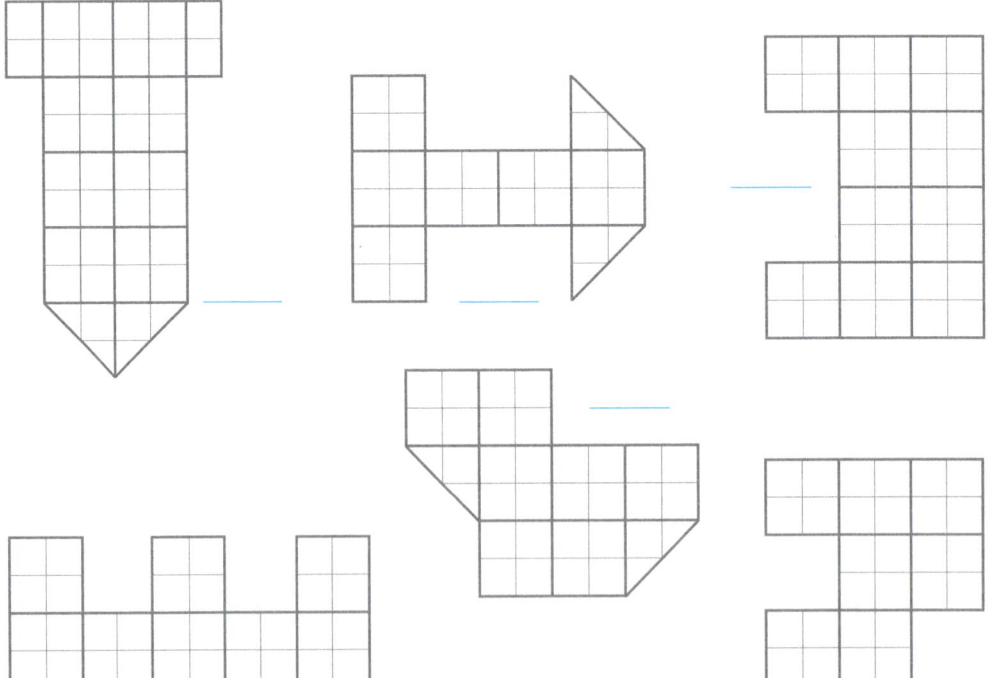

1 Miss alle Strecken einer Figur. Berechne jeweils den Umfang.

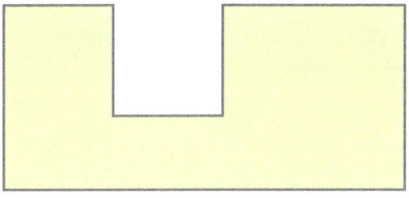 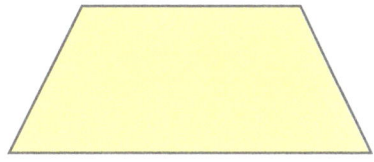

2 Zeichne die Zentimeterquadrate ein. Miss den Umfang.

A **B** **C**

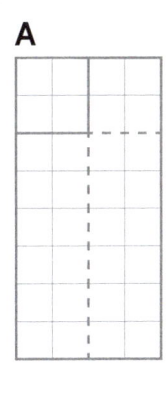 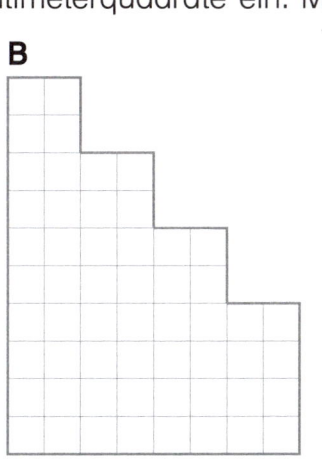 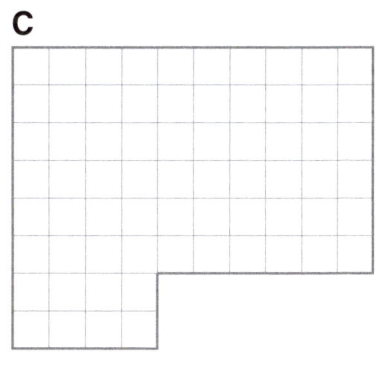

	A	B	C
Fläche in Zentimeterquadraten			
Umfang in Zentimetern			

STICKER

1 Trage ein. Schreibe die Zahl.

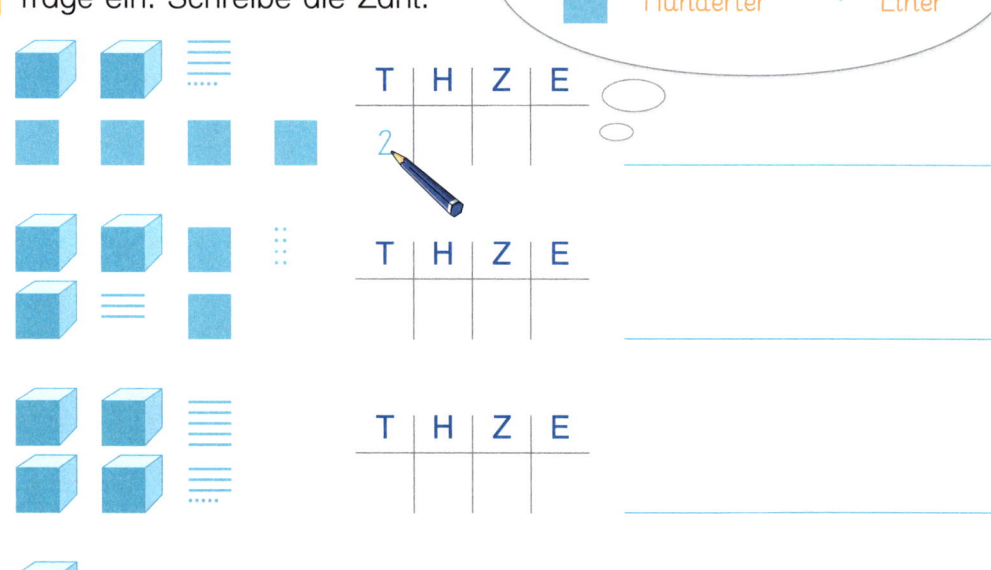

Tausender	— Zehner
Hunderter	· Einer

T	H	Z	E	
2				

T	H	Z	E	

T	H	Z	E	

T	H	Z	E	

2 Ordne in die Stellentafel ein. Schreibe die Zahl.

	HT	ZT	T	H	Z	E	Zahl
2T 4Z 3E							
4ZT 3T 2Z 1E							
6T 4H 4Z							
2HT 3ZT 1T							
4E 6HT 8H 2Z							
8T 5H 8Z 3ZT 8HT							
5H 2HT 3T 7Z 9E							
2E 5ZT 1T 4H							
7HT 4T 4E 7H							
1ZT 7E 1Z							

3

4 000 + 800 + 20 + 4 = _____   6 000 + 300 + 5 = _____

3 000 + 90 + 7 = _____   200 + 1 000 + 10 = _____

7 000 + 100 + 3 + 50 = _____   80 + 5 000 + 4 = _____

1 000 + 20 + 400 + 9 = _____   7 + 7 000 + 70 = _____

4 Zerlege die Zahlen.

Alles durcheinander ...

9 328 = ____ T ____ Z ____ E ____ H

26 432 = ____ ZT ____ H ____ T ____ Z ____ E

45 005 = ____ H ____ T ____ Z ____ E ____ ZT

616 707 = ____ T ____ HT ____ H ____ E ____ Z ____ ZT

398 893 = ____ E ____ ZT ____ HT ____ H ____ T ____ Z

5

4 367 = 4 000 + 300 + 60 + 7 _____

12 804 = 10 000 + _____

24 008 = _____

5 516 = _____

78 110 = _____

420 420 = _____

663 336 = _____

254 071 = _____

250 471 = _____

205 714 = _____

254 407 = _____

1 Schreibe die Zahlen in Ziffern.

zweitausendvierhundert _____

neuntausend _____

sechstausendacht _____

viertausenddreihunderteinundzwanzig _____

fünftausendfünfundsiebzig _____

vierundsechzigtausenddreihundertzwölf _____

dreihundertneunzigtausend _____

achtundvierzigtausendeinhundertelf _____

zweihunderttausendzwei _____

2 Zahl gesucht.

Die Zahl hat 6 Einer,
7 Zehner, 8 Hunderter und
9 Tausender.

_____

Die Zahl hat 8 Hunderter,
4 Zehner, 6 Tausender und
3 Zehntausender.

_____

Die Zahl hat 4 Zehntausender,
5 Einer, 2 Hunderter, 7 Zehner
und 3 Tausender.

_____

Die Zahl hat 4 Tausender,
5 Hunderter, 6 Zehntausender,
7 Zehner, 8 Hunderttausender
und 9 Einer.

_____

3 Ordne die Zahlen. Beginne mit der kleinsten Zahl.

54 631   32 604   78 453   762 211   78 435   328 176   46 937

☐   1.   ☐   ☐   ☐   ☐   ☐

4 Bilde mit den Ziffernkarten Zahlen.

	kleinste Zahl	größte Zahl
7 5 4 3		
4 8 2 1 6		
3 9 1 5 7		
2 3 1 6 5 4		
6 8 8 6 2 2		

5 Welche Zahlen kannst du aus den Zahlenkarten bilden? Verbinde.

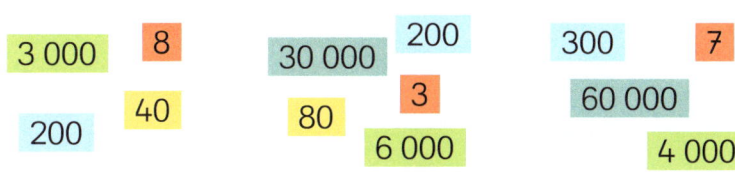

3 000   8   30 000   200   300   7
200   40   80   3   60 000
6 000   4 000

Zwei Zahlen bleiben übrig.

3 628   354 752   1 480 605   36 283

3 248   742 589   64 307   74 589

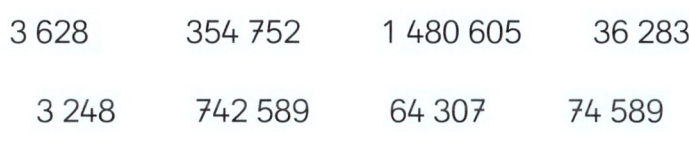

700 000   80   4 000   700   80 000   600
500   40 000   300 000   2   5   1 000 000
9   2 000   50 000   50   400 000

6 <, > oder = ?

20 000 ◯ 2 000   312 409 ◯ 312 409

153 410 ◯ 18 712   61 847 ◯ 61 674

28 403 ◯ 28 430   539 040 ◯ 539 239

STICKER

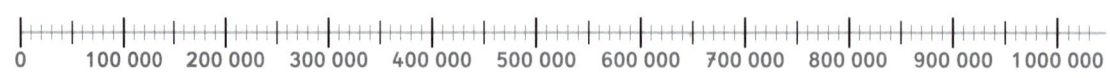

1 Wie heißen die Zahlen?

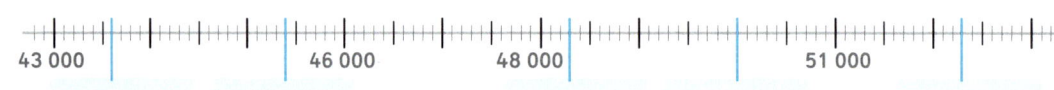

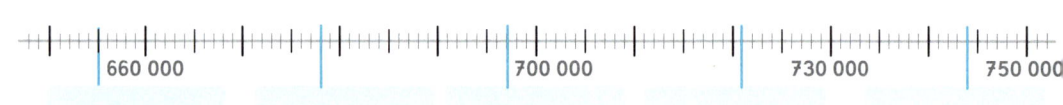

2 Nachbar**zahlen**

	4 738	
	21 301	
	67 499	
	123 230	
	707 600	
	448 999	

3 Nachbar**zehner**

	5 643	
	16 896	
	34 008	
	512 776	
	904 859	
	448 999	

4 Nachbar**tausender**

	6 495			16 758	
	3 217			183 684	
	43 480			729 031	
	51 295			570 700	

5 Nachbar**zehntausender**

	62 000			537 322	
	74 300			92 466	
	294 000			808 800	
	51 295			570 700	

6 Nachbar**hunderttausender**

	167 000			704 000	
	674 829			245 820	
	479 900			333 444	
	51 295			570 700	

7

460 000 + _____ = 900 000

328 500 + _____ = 400 000

661 000 + _____ = 800 000

555 800 + _____ = 700 000

570 700 + _____ = 1 000 000

STICKER

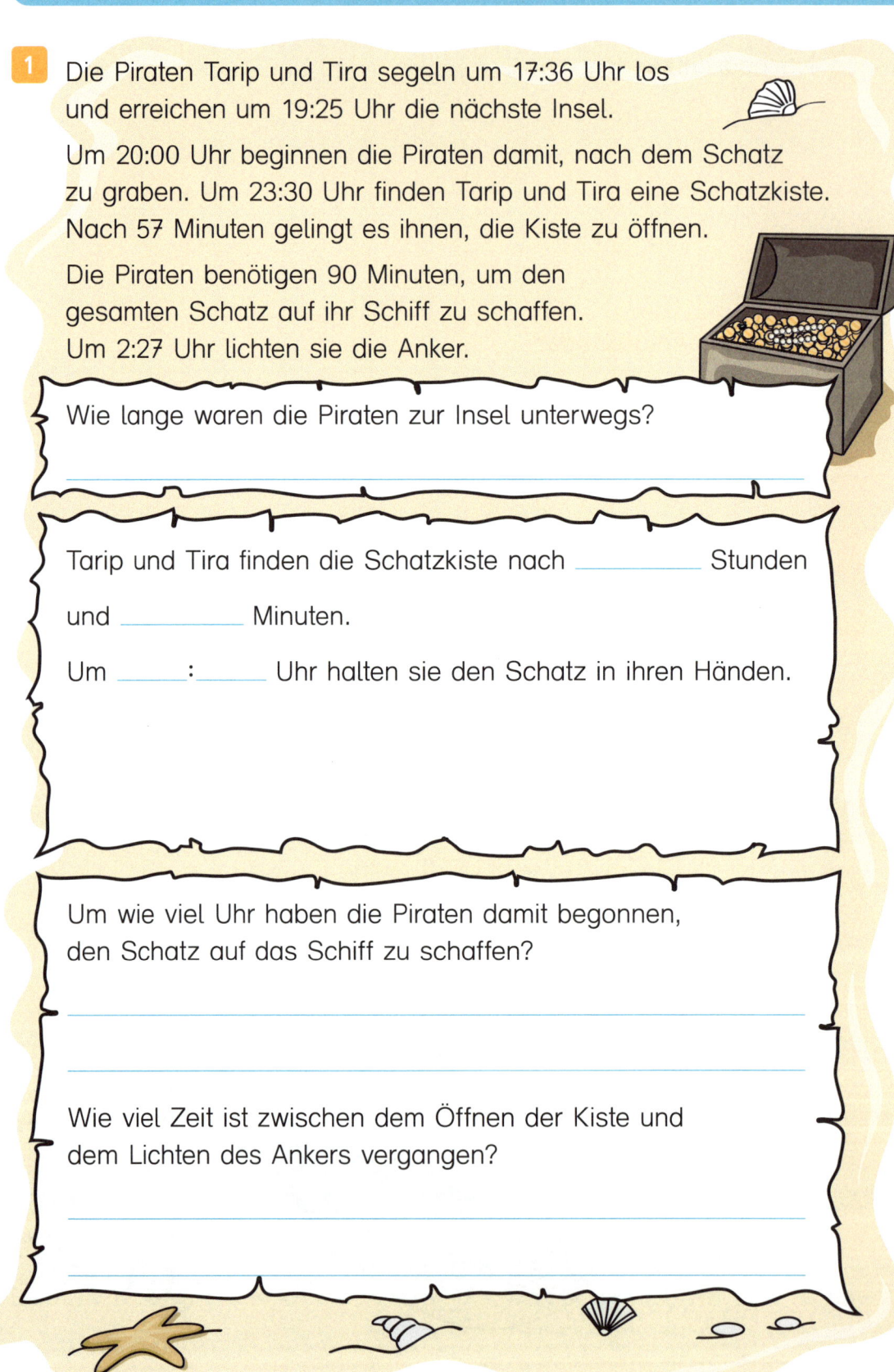

1   Die Piraten Tarip und Tira segeln um 17:36 Uhr los und erreichen um 19:25 Uhr die nächste Insel.

Um 20:00 Uhr beginnen die Piraten damit, nach dem Schatz zu graben. Um 23:30 Uhr finden Tarip und Tira eine Schatzkiste. Nach 57 Minuten gelingt es ihnen, die Kiste zu öffnen.

Die Piraten benötigen 90 Minuten, um den gesamten Schatz auf ihr Schiff zu schaffen. Um 2:27 Uhr lichten sie die Anker.

Wie lange waren die Piraten zur Insel unterwegs?

_____

Tarip und Tira finden die Schatzkiste nach _____ Stunden

und _____ Minuten.

Um _____:_____ Uhr halten sie den Schatz in ihren Händen.

Um wie viel Uhr haben die Piraten damit begonnen, den Schatz auf das Schiff zu schaffen?

_____

_____

Wie viel Zeit ist zwischen dem Öffnen der Kiste und dem Lichten des Ankers vergangen?

_____

_____

2 Finde gleiche Zeitspannen. Male passend an.

$1\frac{1}{2}$ h

150 min

7 Tage

1 Tag

1 440 min

90 min

$\frac{3}{4}$ h

$2\frac{1}{2}$ h

14 Tage

45 Minuten

48 h

1 Monat

30 Tage

2 700 s

2 Tage

24 Stunden

2 Wochen

2 880 min

1 Woche

STICKER

1 Die Meeresbiologen schreiben auf, wie lange sie getaucht sind.
Ergänze die Tabelle.

Name	Zeit in Minuten	Zeit in Sekunden
Peter		200 s
Petra	$\frac{1}{2}$ min	
Simone		150 s
Michael	$3\frac{1}{2}$ min	
Carlos		197 s
Nina	2 min 17 s	

2 Die Meeresbiologen schreiben auf, wie lange sie schon
unterwegs gewesen sind. Ergänze die Tabelle.

Tag	Startzeit	Ankunft	Fahrzeit in Stunden und Minuten	Fahrzeit in Minuten
Montag	07:29	16:39	___ h ___ min	_____ min
Dienstag	21:47	04:20	___ h ___ min	_____ min
Mittwoch	09:18	___:___	___ h ___ min	24 min

Wie lange waren die Meeresbiologen insgesamt unterwegs?

Sie waren _____ Stunden und _____ Minuten unterwegs.

Das entspricht _____ Minuten.

3 Die Meeresbiologen Michael und Simone vergleichen vor
dem Tauchgang die Uhrzeiten auf ihren Armbanduhren.

Wie spät ist es auf die Sekunde genau? Schreibe auf.
Es gibt jeweils zwei Möglichkeiten.

Michael

_____ Uhr und _____ Sekunden

_____ Uhr und _____ Sekunden

Simone

_____ Uhr und _____ Sekunden

_____ Uhr und _____ Sekunden

4 Um wie viele Sekunden unterscheiden sich die Uhrzeiten?

Michael				
Simone				
Unterschied in s	_____ s	_____ s	_____ s	_____ s

5 Zeichne die Zeiger in Michaels Uhr ein.

18:20 Uhr	20:32 Uhr	09:57 Uhr	00:05 Uhr
1 s	17 s	9 s	30 s

STICKER

1 Immer zwei Muscheln ergeben zusammen 10 000.
Male jeweils in der gleichen Farbe an.

2 370   3 300   1 200   9 950   8 980   8 800   1 725   7 630   50   1 020   8 275   6 700

2

26 300	+	52 600	=	_____
311 700	+	7 200	=	_____
800 000	−	160 000	=	_____
630 000	−	21 000	=	_____
54 600	+	70 400	=	_____
_____	+	120 000	=	700 000
658 000	−	_____	=	348 000
_____	−	18 300	=	521 600

3

+	4 600	323	15 000	500 010
2 000				
54 000				
123 000				
90 300				
247				
340 800				

4 Immer zwei Fische ergeben zusammen 1 000 000.
Male jeweils in der gleichen Farbe an.

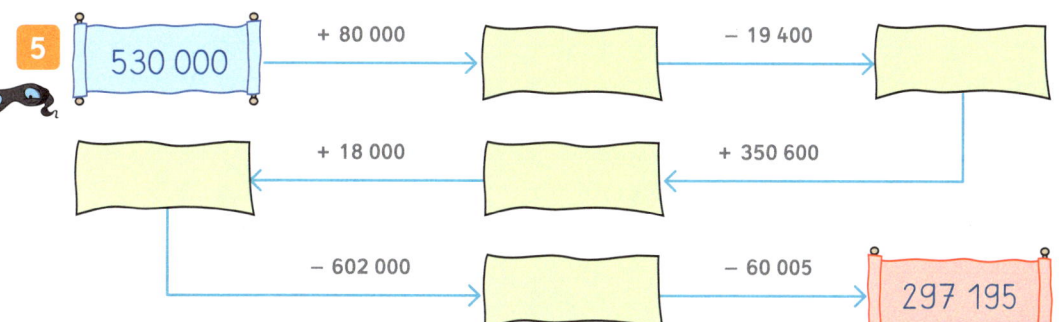

722 723   545 400   685 000   500 500

315 000   59 000   941 000

454 600   499 500   277 277

5

530 000 → + 80 000 → [ ] → − 19 400 → [ ]

[ ] ← + 18 000 ← [ ] ← + 350 600 ←

[ ] → − 602 000 → [ ] → − 60 005 → 297 195

6 Setze fort.

527 + 63 = _____   840 000 − 120 000 = _____

2 527 + 63 = _____   84 000 − 12 000 = _____

4 527 + 63 = _____   8 400 − _____ = _____

_____   _____

_____   _____

14 + 20 = _____

116 + 122 = _____

1 118 + 1 124 = _____

_____

_____

STICKER

1 Wie geht es weiter?

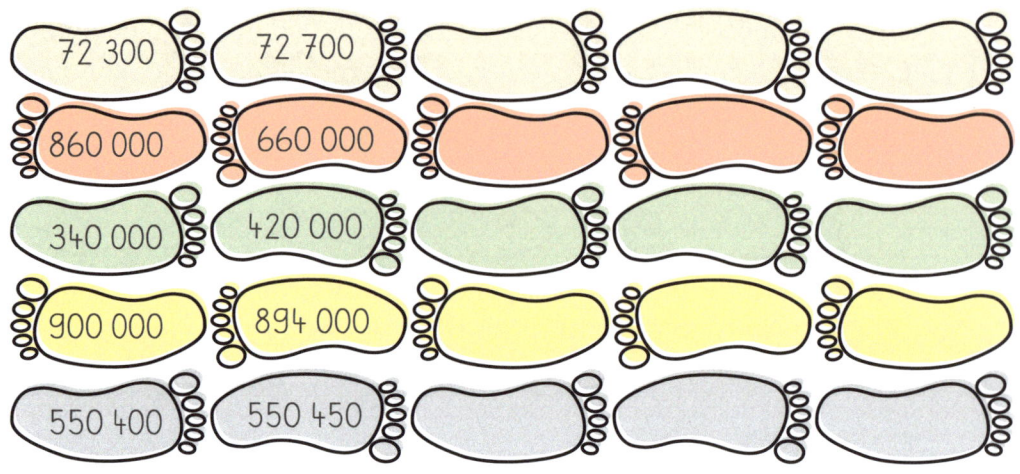

72 300	72 700			
860 000	660 000			
340 000	420 000			
900 000	894 000			
550 400	550 450			

2 Rechne im Kopf, halbschriftlich oder schriftlich.

530 000 + 215 000 = _____

852 000 − 312 000 = _____

47 600 +   58 900 = _____

643 110 − 150 000 = _____

750 000 − 340 000 = _____

480 399 +   6 001 = _____

999 256 − 457 894 = _____

722 222 + 178 888 = _____

1

```
    3 5 2 7 1 4
  + 5 2 8 1 9 8
```

```
      6 3 9 2 0
  + 7 8 8 8 9 8
```

```
    1 3 9 4 5 6
  +     8 7 0 7 7
```

2

```
    8 4 2 1 7 5
  - 3 6 1 8 5 3
```

```
    6 3 1 4 0 2
  - 2 8 9 3 7 6
```

```
    4 2 2 5 8 8
  - 3 9 1 6 7 1
```

3 Wähle jeweils zwei Karten aus und addiere schriftlich.

| 11 678 | 131 752 | 720 345 | 8 962 | 3 636 |

| 87 390 | 593 | 474 189 | 55 577 | 346 894 |

4 Rechne nur die Aufgaben, deren Ergebnis größer als
200 000 ist.

```
    4 3 1 1 2 8
  - 1 1 5 7 8 6
```

```
    6 5 2 3 7 7
  - 2 8 6 0 9 2
```

```
    2 6 4 8 5 1
  -     5 9 3 7 6
```

```
    8 3 9 2 4 3
  - 7 4 2 1 8 7
```

```
    9 0 3 5 1 8
  - 6 8 4 6 8 4
```

STICKER

1 Runde auf Tausender.

12 400 ≈ _____   356 500 ≈ _____

78 654 ≈ _____   484 329 ≈ _____

2 Runde auf Zehntausender.

37 840 ≈ _____   282 282 ≈ _____

63 598 ≈ _____   706 310 ≈ _____

3 Runde auf Hunderttausender.

453 000 ≈ _____   984 000 ≈ _____

839 000 ≈ _____   9 840 ≈ _____

4 Runde auf  Zehner , Hunderter , Tausender ,

Zehntausender und Hunderttausender .

86 413	532 698	1 206 402

1 Auf welches Schiff müssen die Kisten verladen werden?
Überschlage. Male passend an.

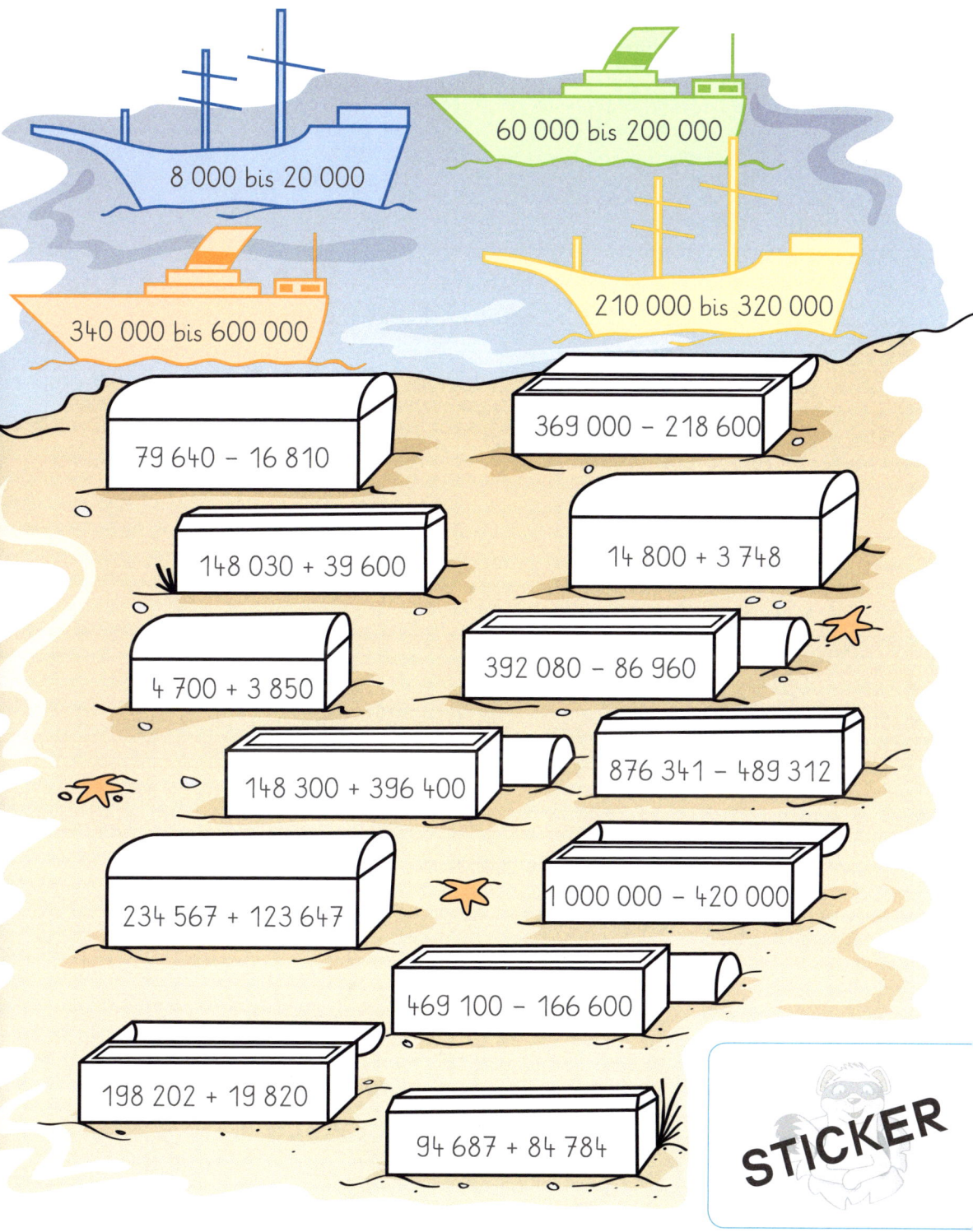

8 000 bis 20 000

60 000 bis 200 000

340 000 bis 600 000

210 000 bis 320 000

79 640 – 16 810

369 000 – 218 600

148 030 + 39 600

14 800 + 3 748

4 700 + 3 850

392 080 – 86 960

148 300 + 396 400

876 341 – 489 312

234 567 + 123 647

1 000 000 – 420 000

469 100 – 166 600

198 202 + 19 820

94 687 + 84 784

STICKER

1

$9 \cdot 10 =$ _____ $10 \cdot \quad 38 =$ _____

$19 \cdot 10 =$ _____ $10 \cdot \quad 238 =$ _____

$40 \cdot 10 =$ _____ $10 \cdot 1\,600 =$ _____

$400 \cdot 10 =$ _____ $10 \cdot 2\,000 =$ _____

2

$12 \cdot 100 =$ _____ $100 \cdot \quad 52 =$ _____

$330 \cdot 100 =$ _____ $100 \cdot 152 =$ _____

$480 \cdot 100 =$ _____ $1\,000 \cdot 152 =$ _____

$2\,480 \cdot 100 =$ _____ $1\,000 \cdot 700 =$ _____

3

·	8	20	700	3 000
3				
30				
6				
70				
200				

4 Male Aufgabe und Ergebnis gleich an.

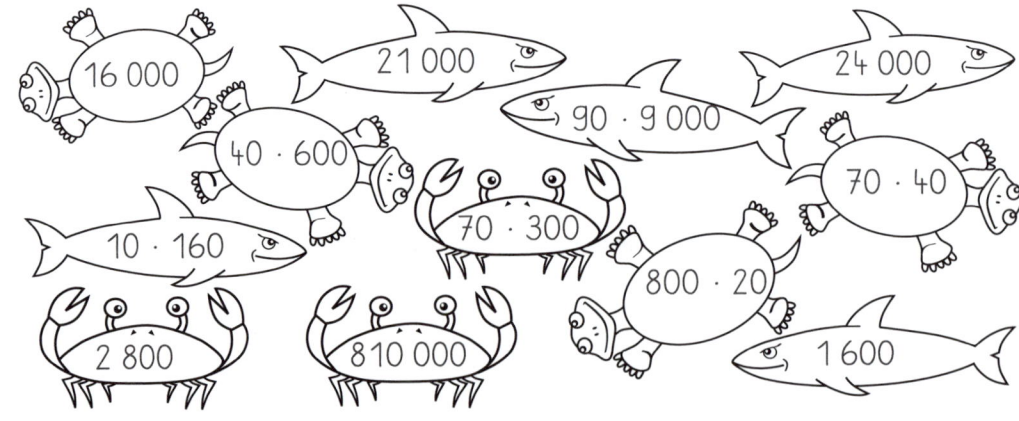

1

80 : 10 = _____	500 : 100 = _____
800 : 10 = _____	5 000 : 100 = _____
4 800 : 10 = _____	23 000 : 100 = _____
12 300 : 10 = _____	36 000 : 1 000 = _____

2

72 000 : 10 = _____	674 000 : 1 000 = _____
72 000 : 100 = _____	138 000 : 100 = _____
72 000 : 1 000 = _____	456 000 : 10 = _____
72 000 : 8 000 = _____	540 000 : 600 = _____

3

:	100	200	40	4 000	1 000
16 000					
400 000					
32 000					
360 000					
80 000					

4 Umrande jeweils Aufgabe und Ergebnis mit gleicher Farbe.

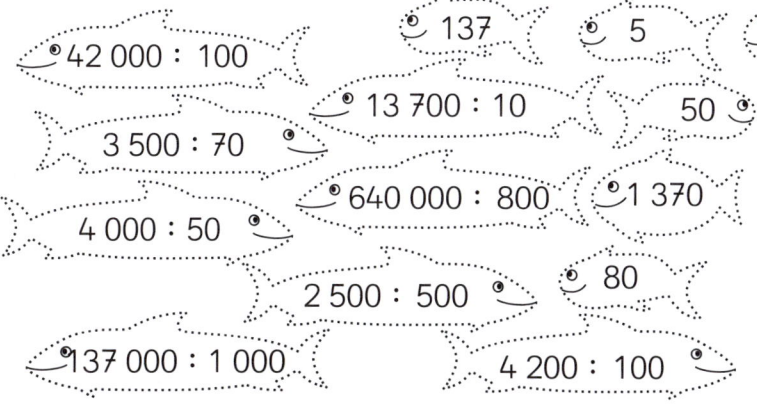

42 000 : 100   137   5   800   42

13 700 : 10   50   420

3 500 : 70

640 000 : 800   1 370

4 000 : 50

80

2 500 : 500

137 000 : 1 000   4 200 : 100

STICKER

1 <, > oder = ? Setze richtig ein.

123 t ◯ 321 kg	0,1 t ◯ 0,1 kg	10 t 20 kg ◯ 10,2 t
1 t ◯ 999 kg	0,1 t ◯ 1 kg	10 t 2 kg ◯ 10,2 t
1 t ◯ 1 001 kg	0,1 t ◯ 10 kg	10,09 t ◯ 10,10 t
10 t ◯ 1 111 kg	0,1 t ◯ 100 kg	10,01 t ◯ 10,10 t

2 Ergänze die Tabelle und
beantworte dann die Fragen.

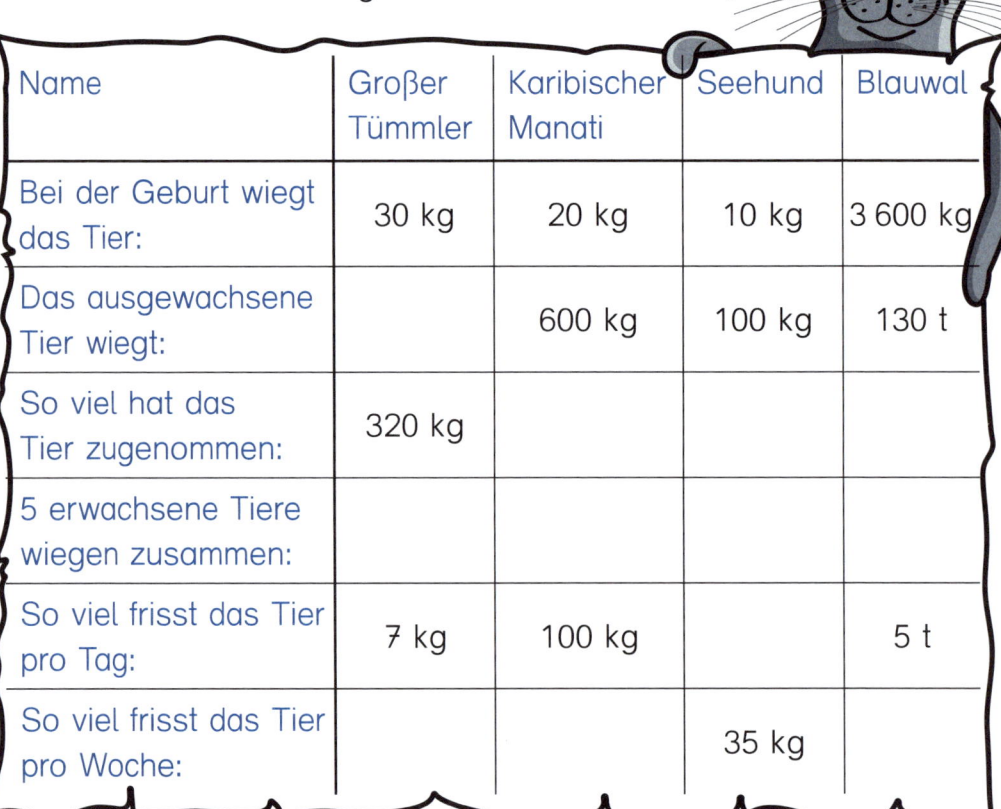

Name	Großer Tümmler	Karibischer Manati	Seehund	Blauwal
Bei der Geburt wiegt das Tier:	30 kg	20 kg	10 kg	3 600 kg
Das ausgewachsene Tier wiegt:		600 kg	100 kg	130 t
So viel hat das Tier zugenommen:	320 kg			
5 erwachsene Tiere wiegen zusammen:				
So viel frisst das Tier pro Tag:	7 kg	100 kg		5 t
So viel frisst das Tier pro Woche:			35 kg	

Ordne die ausgewachsenen Tiere nach ihrem Gewicht
von leicht bis schwer.

_____

_____

Liebe Eltern, liebe Lehrerinnen und Lehrer,

die Zahlenzorro-Heftreihe bietet eine lehrwerksunabhängige Möglichkeit, die Lerninhalte des Faches Mathematik der Klassenstufen 1 bis 4 selbstständig zu üben und zu vertiefen. Differenzierend und selbsterklärend angelegt, eignen sich die Hefte als Zusatzmaterial im Unterricht, in Förder- und Fordergruppen oder auch für das Üben am Nachmittag.

Konzipiert auf drei verschiedenen Niveaustufen, kann je nach individuellem Lernstand und Bedürfnis der Schülerinnen und Schüler das entsprechende Heft ausgewählt werden. Jedes Heft deckt dabei die wesentlichen Lehrplaninhalte ab. So ist der Unterrichtsstoff einer Klassenstufe alternativ entweder als Basisheft, Förderheft oder Forderheft erhältlich:

Die **Basishefte** beinhalten den kompletten Lernstoff einer Klassenstufe. Ihre Aufgaben entsprechen vom Niveau einem normalen, mittleren Schwierigkeitsgrad. Gibt es zu einem Aufgabenbereich weiterführende, kniffligere Aufgaben, werden sie durch das Symbol der **„Zorro-Maske"** gekennzeichnet, welches dann vor der Aufgabe steht.

Die **Förderhefte** richten ihren Fokus auf die strukturierte Erarbeitung von Grundaufgaben, die verstärkt veranschaulicht werden sowie auf das gezielte Üben von Rechenwegen. Grundlegende Verfahren und Inhalte erhalten somit besonders viel Raum, wobei dennoch alle erforderlichen Lernbereiche abgedeckt werden. Auf anspruchsvolle und knifflige Zusatzaufgaben wird in diesen Heften aber verzichtet.

Die **Forderhefte** enthalten gezielt anspruchsvollere Aufgaben zum Weiterdenken und Knobeln und regen dadurch in besonderem Maß zum kreativen Problemlösen an. Sie verzichten auf das ausgiebige Erarbeiten kleinschrittiger Rechenwege und fordern die Kinder dazu heraus, den für sie und die jeweilige Aufgabe besten Weg zur Lösung selbst zu wählen und zu finden. Auch hier werden die verschiedenen Lerninhalte des Lehrplans behandelt, aber durchgehend auf einem erhöhten Niveau.

ZAHLENZORRO
Das Heft

Daumenkino-Aufkleber

S. 5

S. 7

S. 9

S. 11

S. 13

S. 15

S. 17

S. 19

S. 21

S. 23

S. 25

S. 27

S. 29

S. 31

S. 33

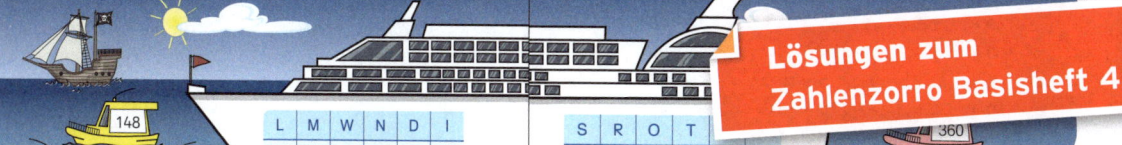

Lösungen zum Zahlenzorro Basisheft 4

L	M	W	N	D	I
291	630	540	30	418	720

S	R	O	T		
935	756	7	103	45	810

148   774   779   360   523   525

1 Rechne und trage die Lösungsbuchstaben aus dem Kreuzfahrtschiff ein.

330 + 210 = **540**   W
860 − 140 = **720**   I
701 − 410 = **291**   L
121 + 170 = **291**   L
505 + 305 = **810**   K
680 − 673 = **7**   O
1000 − 370 = **630**   M
212 + 418 = **630**   M
377 − 332 = **45**   E
915 − 885 = **30**   N

9 · 80 = **720**   I
240 : 8 = **30**   N

443 − 25 = **418**   D
217 − 172 = **45**   E
338 + 418 = **756**   R

90 · 7 = **630**   M
829 − 784 = **45**   E
5 · 9 = **45**   E
381 + 375 = **756**   R
450 : 10 = **45**   E
517 + 418 = **935**   S
60 · 9 = **540**   W
3 · 15 = **45**   E
3 · 97 = **291**   L
702 − 599 = **103**   T

374 + 151 = **525**

2 Rechne und male in den Farben der kleinen Boote an.

531 − 383 = **148**
826 − 678 = **148**
175 + 348 = **523**
234 + 540 = **774**
900 − 121 = **779**

953 − 174 = **779**
63 + 85 = **148**
536 + 243 = **779**

6 · 60 = **360**
40 · 9 = **360**
469 + 54 = **523**

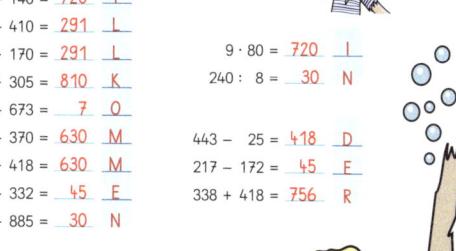

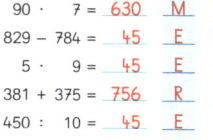
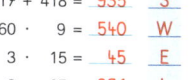
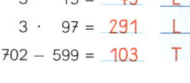

1

264 + 376	428 + 175	527 + 88	149 + 474	376 + 518
640	603	615	623	894

2

373 + 115 + 147	284 + 506 + 117	405 + 93 + 288	555 + 176 + 127	136 + 309 + 462
635	907	786	858	907

3

534 − 127	814 − 277	351 − 86	427 − 394	946 − 628
407	537	265	33	318

4 Subtrahiere schriftlich.

412 − 175   833 − 267   645 − 407   371 − 86

412 − 175	833 − 267	645 − 407	371 − 86
237	566	238	285

552 − 329   903 − 162   275 − 97   734 − 679

552 − 329	903 − 162	275 − 97	734 − 679
223	741	178	55

5 Richtig oder falsch? Kreuze an. Verbessere falsche Aufgaben.

X richtig   ☐ falsch
518 + 184 = 702

☐ richtig   **X** falsch
352 + 469 = 352 → 821

X richtig   ☐ falsch
137 + 743 = 880

☐ richtig   **X** falsch
48 + 675 = 613 → 723

☐ richtig   **X** falsch
427 + 427 = 834 → 854

X richtig   ☐ falsch
187 + 256 = 443

6 Trage die fehlenden Ziffern ein.

2 7 4 + 2 2 4 = 498	4 3 5 + 3 3 4 = 769	8 2 8 + 1 2 3 = 951	4 5 8 + 3 4 4 = 802	1 6 6 + 3 0 5 = 471

6 6 7 − 2 2 5 = 442	8 3 7 − 5 0 4 = 333	7 1 3 − 1 3 9 = 574	9 1 1 − 6 2 1 = 290	9 6 1 − 7 6 0 = 201

3 6 6 + 5 4 8 = 914	4 6 2 − 2 2 5 = 237	8 8 4 + 1 1 7 = 1001

STICKER

Halbschriftliches Multiplizieren

1

2 · 4 = 8	2 · 5 = 10	4 · 3 = 12
2 · 40 = 80	2 · 50 = 100	4 · 30 = 120
2 · 400 = 800	2 · 500 = 1000	4 · 300 = 1200
20 · 4 = 80	20 · 5 = 100	40 · 3 = 120
20 · 40 = 800	20 · 50 = 1000	40 · 30 = 1200

4 · 6 = 24	3 · 7 = 21	5 · 8 = 40
4 · 60 = 240	3 · 70 = 210	5 · 80 = 400
4 · 600 = 2400	3 · 700 = 2100	5 · 800 = 4000
40 · 6 = 240	30 · 7 = 210	50 · 8 = 400
40 · 60 = 2400	30 · 70 = 2100	50 · 80 = 4000

2 Immer drei Aufgaben gehören zusammen. Male passend an.

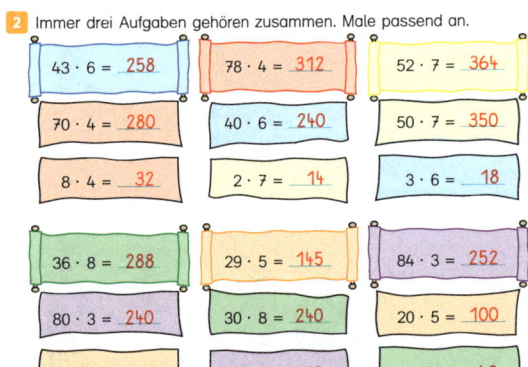

43 · 6 = 258	78 · 4 = 312	52 · 7 = 364
70 · 4 = 280	40 · 6 = 240	50 · 7 = 350
8 · 4 = 32	2 · 7 = 14	3 · 6 = 18
36 · 8 = 288	29 · 5 = 145	84 · 3 = 252
80 · 3 = 240	30 · 8 = 240	20 · 5 = 100
9 · 5 = 45	4 · 3 = 12	6 · 8 = 48

3 Rechne auf deinem Weg. Wie rechnest du?

5 · 72 = 360

4 · 63 = 252

3 · 97 = 291

8 · 106 = 848

6 · 121 = 726

5 · 199 = 995

4 · 234 = 936

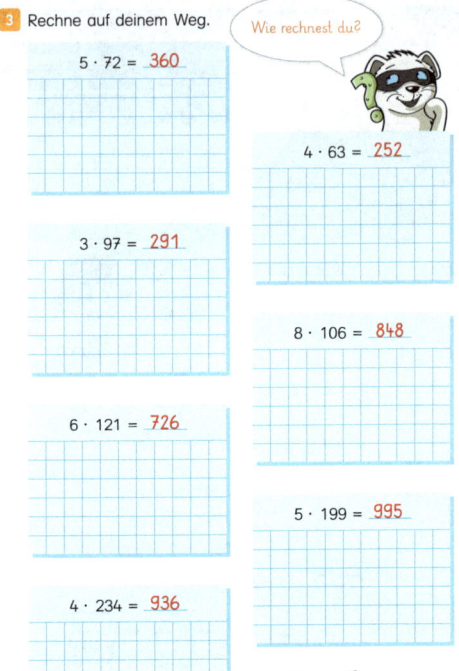

STICKER

Halbschriftliches Dividieren

1

:	2	20	4	40
80	40	4	20	2
160	80	8	40	4
400	200	20	100	10
800	400	40	200	20

:	8	80	4	40
160	20	2	40	4
240	30	3	60	6
320	40	4	80	8
480	60	6	120	12

:	3	30	6	60
180	60	6	30	3
240	80	8	40	4
600	200	20	100	10
660	220	22	110	11

:	5	50	3	30
150	30	3	50	5
300	60	6	100	10
600	120	12	200	20
900	180	18	300	30

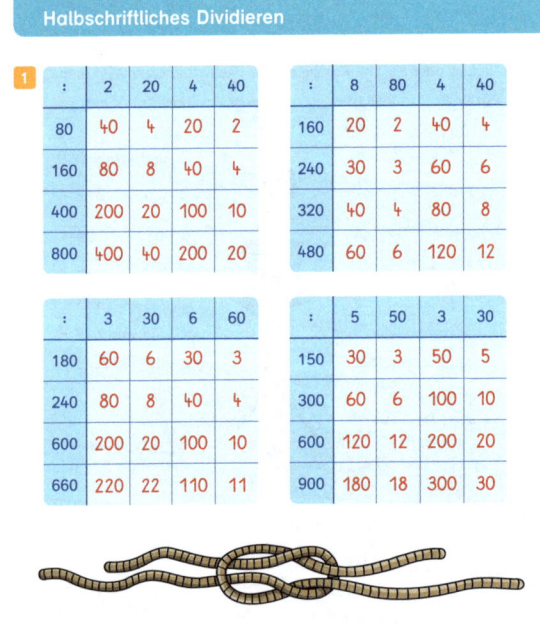

2

270 : 30 = 9	24 : 4 = 6	35 : 7 = 5
270 : 90 = 3	24 : 6 = 4	35 : 5 = 7
27 : 9 = 3	240 : 4 = 60	350 : 50 = 7
27 : 3 = 9	240 : 6 = 40	350 : 70 = 5
270 : 3 = 90	240 : 60 = 4	350 : 7 = 50
270 : 9 = 30	240 : 40 = 6	350 : 5 = 70

3 Rechne auf deinem Weg. Wie rechnest du?

64 : 4 = 16

87 : 3 = 29

104 : 8 = 13

306 : 9 = 34

245 : 5 = 49

392 : 7 = 56

612 : 4 = 153

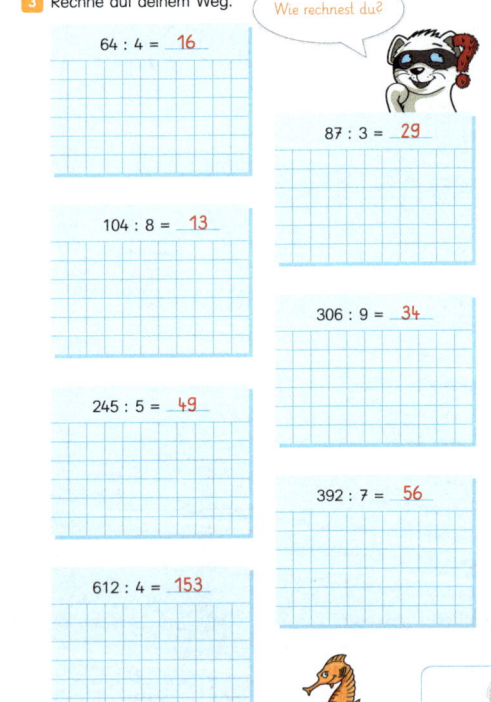

STICKER

1 Die Piraten Tarip und Tira segeln mit ihrem Schiff von Insel zu Insel, um den vergrabenen Goldschatz zu finden. Sie starten auf der Piraten-Insel. Ergänze die fehlenden Angaben. Folge der Pfeilrichtung.

Piraten-Insel	→	Südsee-Insel	207 km
Palmen-Insel	→	einsame Insel	175 km
Südsee-Insel	→	Piraten-Insel	217 km
Piraten-Insel	→	Piraten-Insel	424 km

2 Tarip und Tira benötigen für 30 km etwa 1 Stunde.

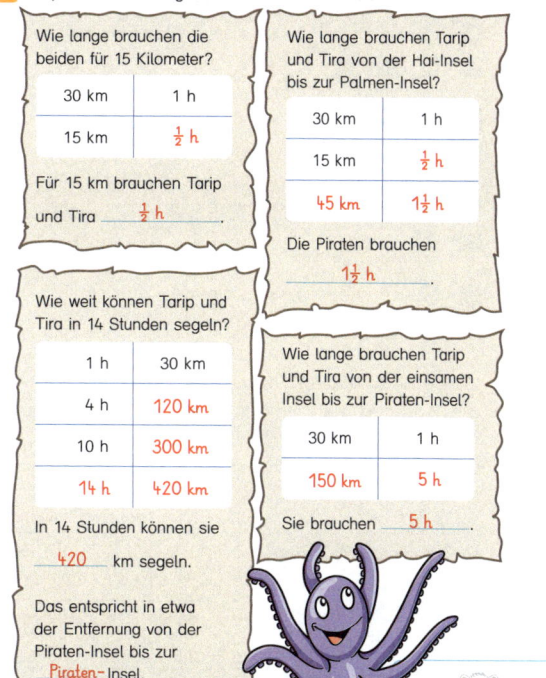

Wie lange brauchen die beiden für 15 Kilometer?

30 km	1 h
15 km	$\frac{1}{2}$ h

Für 15 km brauchen Tarip und Tira __$\frac{1}{2}$ h__.

Wie weit können Tarip und Tira in 14 Stunden segeln?

1 h	30 km
4 h	120 km
10 h	300 km
14 h	420 km

In 14 Stunden können sie __420__ km segeln.

Das entspricht in etwa der Entfernung von der Piraten-Insel bis zur __Piraten__-Insel.

Wie lange brauchen Tarip und Tira von der Hai-Insel bis zur Palmen-Insel?

30 km	1 h
15 km	$\frac{1}{2}$ h
45 km	$1\frac{1}{2}$ h

Die Piraten brauchen __$1\frac{1}{2}$ h__.

Wie lange brauchen Tarip und Tira von der einsamen Insel bis zur Piraten-Insel?

30 km	1 h
150 km	5 h

Sie brauchen __5 h__.

STICKER

---

1 Welche Insel hat die größere Fläche?
Bestimme die Anzahl der Zentimeterquadrate.

22   18

2 Immer zwei Figuren haben den gleichen Flächeninhalt.
Bestimme die Anzahl der Zentimeterquadrate und male passend an.
Figuren gleicher Größe mit gleicher Farbe einfärben.

10   10   7

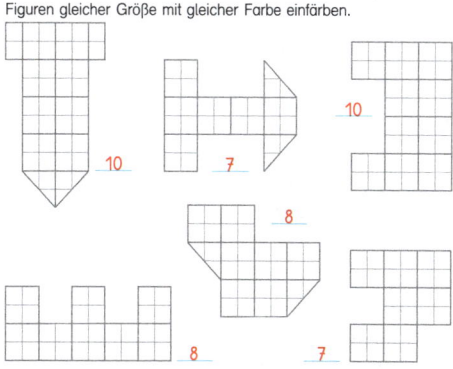

8   8   7

---

1 Miss alle Strecken einer Figur. Berechne jeweils den Umfang.

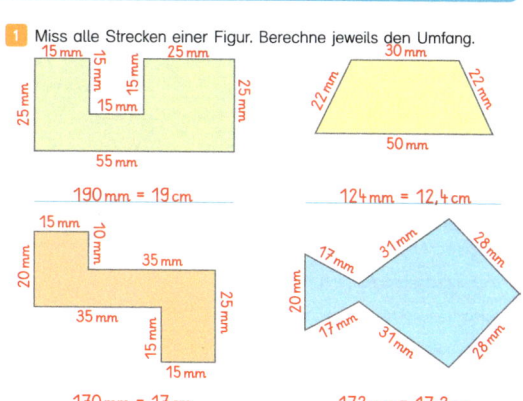

190 mm = 19 cm   124 mm = 12,4 cm

170 mm = 17 cm   172 mm = 17,2 cm

2 Zeichne die Zentimeterquadrate ein. Miss den Umfang.

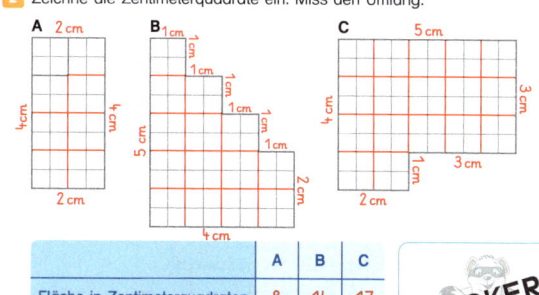

	A	B	C
Fläche in Zentimeterquadraten	8	14	17
Umfang in Zentimetern	12	18	18

STICKER

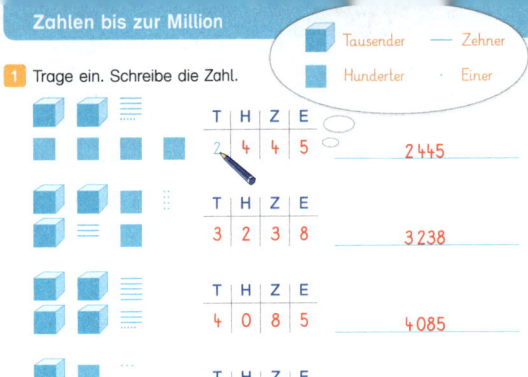

Tausender — Zehner
Hunderter · Einer

1 Trage ein. Schreibe die Zahl.

T	H	Z	E	
2	4	4	5	2445

T	H	Z	E	
3	2	3	8	3238

T	H	Z	E	
4	0	8	5	4085

T	H	Z	E	
1	4	0	3	1403

2 Ordne in die Stellentafel ein. Schreibe die Zahl.

			HT	ZT	T	H	Z	E	Zahl
2T	4Z	3E		0	0	2	0	4	3	2043
4ZT	3T	2Z	1E	0	4	3	0	2	1	43021
6T	4H	4Z		0	0	6	4	4	0	6440
2HT	3ZT	1T		2	3	1	0	0	0	231000
4E	6HT	8H	2Z	6	0	0	8	2	4	600824
8T	5H	8Z	3ZT 8HT	8	3	8	5	8	0	838580
5H	2HT	3T	7Z	9E	2	0	3	5	7	9	203579
2E	5ZT	1T	4H	0	5	1	4	0	2	51402
7HT	4T	4E	7H	7	0	4	7	0	4	704704
1ZT	7E	1Z		0	1	0	0	1	7	10017

3

4 000 + 800 + 20 + 4 = 4824   6 000 + 300 + 5 = 6305

3 000 + 90 + 7 = 3097   200 + 1 000 + 10 = 1210

7 000 + 100 + 3 + 50 = 7153   80 + 5 000 + 4 = 5084

1 000 + 20 + 400 + 9 = 1429   7 + 7 000 + 70 = 7077

4 Zerlege die Zahlen.   *Alles durcheinander ...*

9 328 = 9 T 2 Z 8 E 3 H

26 432 = 2 ZT 4 H 6 T 3 Z 2 E

45 005 = 0 H 5 T 0 Z 5 E 4 ZT

616 707 = 6 T 6 HT 7 H 7 E 0 Z 1 ZT

398 893 = 3 E 9 ZT 3 HT 8 H 8 T 9 Z

5

4 367 = 4 000 + 300 + 60 + 7

12 804 = 10 000 + 2 000 + 800 + 4

24 008 = 20 000 + 4 000 + 8

5 516 = 5 000 + 500 + 10 + 6

78 110 = 70 000 + 8 000 + 100 + 10

420 420 = 400 000 + 20 000 + 400 + 20

663 336 = 600 000 + 60 000 + 3 000 + 300 + 30 + 6

254 071 = 200 000 + 50 000 + 4 000 + 70 + 1

250 471 = 200 000 + 50 000 + 400 + 70 + 1

205 714 = 200 000 + 5 000 + 700 + 10 + 4

254 407 = 200 000 + 50 000 + 4 000 + 400 + 7

STICKER

---

1 Schreibe die Zahlen in Ziffern.

zweitausendvierhundert   2 400

neuntausend   9 000

sechstausendacht   6 008

viertausenddreihunderteinundzwanzig   4 321

fünftausendfünfundsiebzig   5 075

vierundsechzigtausenddreihundertzwölf   64 312

dreihundertneunzigtausend   390 000

achtundvierzigtausendeinhundertelf   48 111

zweihunderttausendzwei   200 002

2 Zahl gesucht.

Die Zahl hat 6 Einer, 7 Zehner, 8 Hunderter und 9 Tausender.
9 876

Die Zahl hat 8 Hunderter, 4 Zehner, 6 Tausender und 3 Zehntausender.
36 840

Die Zahl hat 4 Zehntausender, 5 Einer, 2 Hunderter, 7 Zehner und 3 Tausender.
43 275

Die Zahl hat 4 Tausender, 5 Hunderter, 6 Zehntausender, 7 Zehner, 8 Hunderttausender und 9 Einer.
864 579

3 Ordne die Zahlen. Beginne mit der kleinsten Zahl.

54 631	32 604	78 453	762 211	78 435	328 176	46 937
3.	1.	5.	7.	4.	6.	2.

4 Bilde mit den Ziffernkarten Zahlen.

	kleinste Zahl	größte Zahl
7 5 4 3	3 457	7 543
4 8 2 1 6	12 468	86 421
3 9 1 5 7	13 579	97 531
2 3 1 6 5 4	123 456	654 321
6 8 8 6 2 2	226 688	886 622

5 Welche Zahlen kannst du aus den Zahlenkarten bilden? Verbinde.

3 000   8   30 000   200   300   7
200   40   80   3   60 000
  6 000   4 000

3 628   354 752   1 480 605   36 283

3 248   742 589   64 307   74 589

Zwei Zahlen bleiben übrig.

700 000   80   4 000   700   80 000   600
500   40 000   300 000   2   5   1 000 000
9   2 000   50 000   50   400 000

6 <, > oder = ?

20 000 > 2 000   312 409 = 312 409

153 410 > 18 712   61 847 > 61 674

28 403 < 28 430   539 040 < 539 239

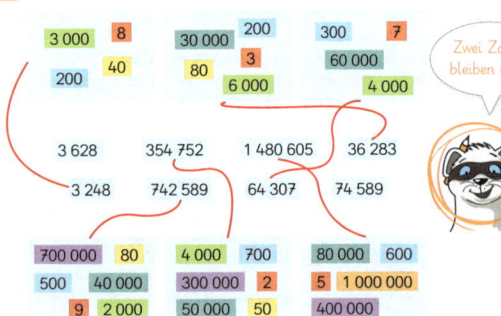

STICKER

0   100 000   200 000   300 000   400 000   500 000   600 000   700 000   800 000   900 000   1 000 000

1 Wie heißen die Zahlen?

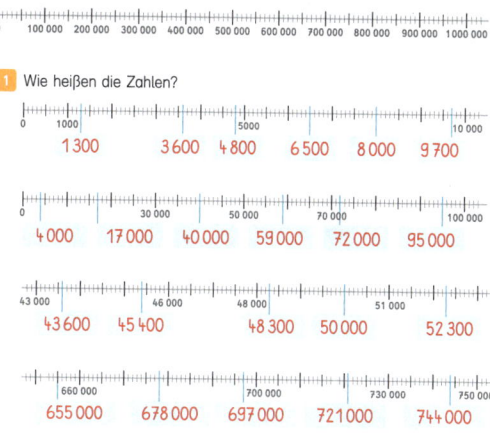

0   1000   5000   10 000

1 300   3 600   4 800   6 500   8 000   9 700

0   30 000   50 000   70 000   100 000

4 000   17 000   40 000   59 000   72 000   95 000

43 000   46 000   48 000   51 000

43 600   45 400   48 300   50 000   52 300

660 000   700 000   730 000   750 000

655 000   678 000   697 000   721 000   744 000

2 Nachbar**zahlen**

4 737	4 738	4 739
21 300	21 301	21 302
67 498	67 499	67 500
123 229	123 230	123 231
707 599	707 600	707 601
448 998	448 999	449 000

3 Nachbar**zehner**

5 640	5 643	5 650
16 890	16 896	16 900
34 000	34 008	34 010
512 770	512 776	512 780
904 850	904 859	904 860
448 990	448 999	449 000

4 Nachbar**tausender**

6 000	6 495	7 000	16 000	16 758	17 000
3 000	3 217	4 000	183 000	183 684	184 000
43 000	43 480	44 000	729 000	729 031	730 000
51 000	51 295	52 000	570 000	570 700	571 000

5 Nachbar**zehntausender**

60 000	62 000	70 000	530 000	537 322	540 000
70 000	74 300	80 000	90 000	92 466	100 000
290 000	294 000	300 000	800 000	808 800	810 000
50 000	51 295	60 000	570 000	570 700	580 000

6 Nachbar**hunderttausender**

100 000	167 000	200 000	700 000	704 000	800 000
600 000	674 829	700 000	200 000	245 820	300 000
400 000	479 900	500 000	300 000	333 444	400 000
0	51 295	100 000	500 000	570 700	600 000

7
$$460\,000 + 440\,000 = 900\,000$$
$$328\,500 + 71\,500 = 400\,000$$
$$661\,000 + 139\,000 = 800\,000$$
$$555\,800 + 144\,200 = 700\,000$$
$$570\,700 + 429\,300 = 1\,000\,000$$

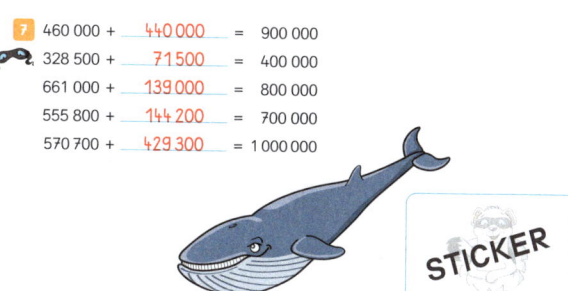

STICKER

1 Die Piraten Tarip und Tira segeln um 17:36 Uhr los und erreichen um 19:25 Uhr die nächste Insel.

Um 20:00 Uhr beginnen die Piraten damit, nach dem Schatz zu graben. Um 23:30 Uhr finden Tarip und Tira eine Schatzkiste. Nach 57 Minuten gelingt es ihnen, die Kiste zu öffnen.

Die Piraten benötigen 90 Minuten, um den gesamten Schatz auf ihr Schiff zu schaffen. Um 02:27 Uhr lichten sie die Anker.

Wie lange waren die Piraten zur Insel unterwegs?

Die Piraten waren 1 h 49 min unterwegs.

Tarip und Tira finden die Schatzkiste nach __3__ Stunden und __30__ Minuten.

Um __00__ : __27__ Uhr halten sie den Schatz in ihren Händen.

23:30 Uhr $\xrightarrow{+ 57\ min}$ 00:27 Uhr

Um wie viel Uhr haben die Piraten damit begonnen, den Schatz auf das Schiff zu schaffen?

02:27 Uhr $\xrightarrow{- 90\ min}$ 00:57 Uhr

Die Piraten haben um 00:57 Uhr begonnen.

Wie viel Zeit ist zwischen dem Öffnen der Kiste und dem Lichten des Ankers vergangen?

00:27 Uhr $\xrightarrow{+ 2\ h}$ 02:27 Uhr

Dazwischen sind 2 Stunden vergangen.

2 Finde gleiche Zeitspannen. Male passend an.

150 min $1\frac{1}{2}$ h   7 Tage   1 Tag   1 440 min   90 min $2\frac{1}{2}$ h $\frac{3}{4}$ h   14 Tage   45 Minuten   48 h   1 Monat   30 Tage   2 700 s   2 Tage   2 Wochen   24 Stunden   2 880 min   1 Woche

STICKER

1 Die Meeresbiologen schreiben auf, wie lange sie getaucht sind. Ergänze die Tabelle.

Name	Zeit in Minuten	Zeit in Sekunden
Peter	3 min 20 s	200 s
Petra	$\frac{1}{2}$ min	30 s
Simone	$2\frac{1}{2}$ min	150 s
Michael	$3\frac{1}{2}$ min	210 s
Carlos	3 min 17 s	197 s
Nina	2 min 17 s	137 s

2 Die Meeresbiologen schreiben auf, wie lange sie schon unterwegs gewesen sind. Ergänze die Tabelle.

Tag	Startzeit	Ankunft	Fahrzeit in Stunden und Minuten	Fahrzeit in Minuten
Montag	07:29	16:39	9 h 10 min	550 min
Dienstag	21:47	04:20	6 h 33 min	393 min
Mittwoch	09:18	09:42	0 h 24 min	24 min

Wie lange waren die Meeresbiologen insgesamt unterwegs?

9 h + 6 h = 15 h
10 min + 33 min + 24 min = 1 h 7 min
15 h + 1 h 7 min = 16 h 7 min

Sie waren __16__ Stunden und __7__ Minuten unterwegs.

Das entspricht __967__ Minuten.

3 Die Meeresbiologen Michael und Simone vergleichen vor dem Tauchgang die Uhrzeiten auf ihren Armbanduhren.

Wie spät ist es auf die Sekunde genau? Schreibe auf.
Es gibt jeweils zwei Möglichkeiten.

Michael

__05:05__ Uhr und __35__ Sekunden
__17:05__ Uhr und __35__ Sekunden

Simone

__05:05__ Uhr und __50__ Sekunden
__17:05__ Uhr und __50__ Sekunden

4 Um wie viele Sekunden unterscheiden sich die Uhrzeiten?

Michael				
Simone		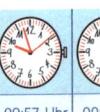		
Unterschied in s	34 s	32 s	59 s	33 s

5 Zeichne die Zeiger in Michaels Uhr ein.

18:20 Uhr 1 s	20:32 Uhr 17 s	09:57 Uhr 9 s	00:05 Uhr 30 s

STICKER

---

1 Immer zwei Muscheln ergeben zusammen 10 000. Male jeweils in der gleichen Farbe an.

2

26 300	+	52 600	= 78 900
311 700	+	7 200	= 318 900
800 000	−	160 000	= 640 000
630 000	−	21 000	= 609 000
54 600	+	70 400	= 125 000
580 000	+	120 000	= 700 000
658 000	−	310 000	= 348 000
539 900	−	18 300	= 521 600

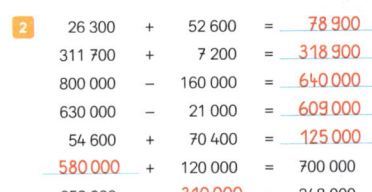 

3

+	4 600	323	15 000	500 010
2 000	6 600	2 323	17 000	502 010
54 000	58 600	54 323	69 000	554 010
123 000	127 600	123 323	138 000	623 010
90 300	94 900	90 623	105 300	590 310
247	4 847	570	15 247	500 257
340 800	345 400	341 123	355 800	840 810

4 Immer zwei Fische ergeben zusammen 1 000 000. Male jeweils in der gleichen Farbe an.

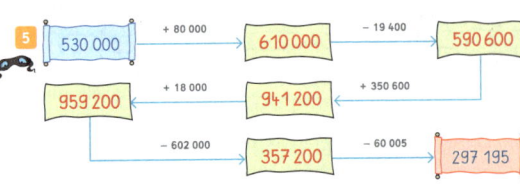

5

530 000 → + 80 000 → 610 000 → − 19 400 → 590 600

959 200 ← + 18 000 ← 941 200 ← + 350 600 ←

− 602 000 → 357 200 → − 60 005 → 297 195

6 Setze fort.

527 + 63 = 590	840 000 − 120 000 = 720 000
2 527 + 63 = 2 590	84 000 − 12 000 = 72 000
4 527 + 63 = 4 590	8 400 − 1 200 = 7 200
6 527 + 63 = 6 590	840 − 120 = 720
8 527 + 63 = 8 590	84 − 12 = 72

14 + 20 = 34
116 + 122 = 238
1 118 + 1 124 = 2 242
11 120 + 11 126 = 22 246
111 122 + 111 128 = 222 250

STICKE

1 Wie geht es weiter?

72 300	72 700	73 100	73 500	73 900
860 000	660 000	460 000	260 000	60 000
340 000	420 000	500 000	580 000	660 000
900 000	894 000	888 000	882 000	876 000
550 400	550 450	550 500	550 550	550 600

2 Rechne im Kopf, halbschriftlich oder schriftlich.

530 000 + 215 000 = __745 000__

852 000 − 312 000 = __540 000__

47 600 + 58 900 = __106 500__

643 110 − 150 000 = __493 110__

750 000 − 340 000 = __410 000__

480 399 + 6 001 = __486 400__

999 256 − 457 894 = __541 362__

722 222 + 178 888 = __901 110__

1

```
  3 5 2 7 1 4        6 3 9 2 0        1 3 9 4 5 6
+ 5 2 8 1 9 8      + 7 8 8 8 9 8    +   8 7 0 7 7
  1   1 1            1 1 1            1 1   1 1
  8 8 0 9 1 2        8 5 2 8 1 8      2 2 6 5 3 3
```

2

```
  8 4 2 1 7 5        6 3 1 4 0 2        4 2 2 5 8 8
− 3 6 1 8 5 3      − 2 8 9 3 7 6      − 3 9 1 6 7 1
  4 8 0 3 2 2        3 4 2 0 2 6          3 0 9 1 7
```

3 Wähle jeweils zwei Karten aus und addiere schriftlich.

| 11 678 | 131 752 | 720 345 | 8 962 | 3 636 |

| 87 390 | 593 | 474 189 | 55 577 | 346 894 |

(Es gibt viele verschiedene Möglichkeiten.)

4 Rechne nur die Aufgaben, deren Ergebnis größer als 200 000 ist.

```
  4 3 1 1 2 8        6 5 2 3 7 7        2 6 4 8 5 1
− 1 1 5 7 8 6      − 2 8 6 0 9 2      −   5 9 3 7 6
  3 1 5 3 4 2        3 6 6 2 8 5        2 0 5 4 7 5
```

```
  8 3 9 2 4 3        9 0 3 5 1 8
− 7 4 2 1 8 7      − 6 8 4 6 8 4
    9 7 0 5 6        2 1 8 8 3 4
```

STICKER

1 Runde auf Tausender.

12 400 ≈ __12 000__   356 500 ≈ __357 000__

78 654 ≈ __79 000__   484 329 ≈ __484 000__

2 Runde auf Zehntausender.

37 840 ≈ __40 000__   282 282 ≈ __280 000__

63 598 ≈ __60 000__   706 310 ≈ __710 000__

3 Runde auf Hunderttausender.

453 000 ≈ __500 000__   984 000 ≈ __1 000 000__

839 000 ≈ __800 000__   9 840 ≈ __0__

4 Runde auf Zehner , Hunderter , Tausender , Zehntausender und Hunderttausender .

86 413	532 698	1 206 402
86 410	532 700	1 206 400
86 400	532 700	1 206 400
86 000	533 000	1 206 000
90 000	530 000	1 210 000
100 000	500 000	1 200 000

1 Auf welches Schiff müssen die Kisten verladen werden? Überschlage. Male passend an.

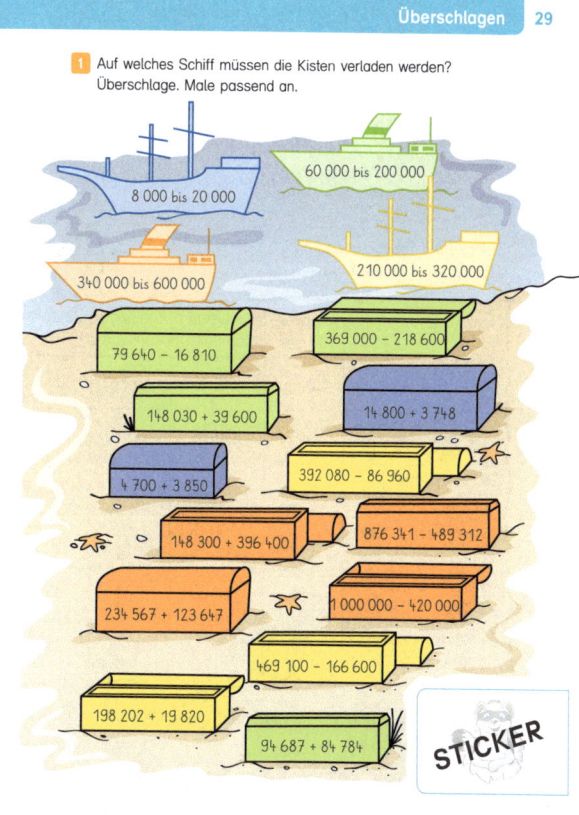

8 000 bis 20 000

60 000 bis 200 000

340 000 bis 600 000

210 000 bis 320 000

79 640 − 16 810

369 000 − 218 600

148 030 + 39 600

14 800 + 3 748

4 700 + 3 850

392 080 − 86 960

148 300 + 396 400

876 341 − 489 312

234 567 + 123 647

1 000 000 − 420 000

469 100 − 166 600

198 202 + 19 820

94 687 + 84 784

STICKER

1
$9 \cdot 10 =$ __90__ $10 \cdot 38 =$ __380__
$19 \cdot 10 =$ __190__ $10 \cdot 238 =$ __2 380__
$40 \cdot 10 =$ __400__ $10 \cdot 1 600 =$ __16 000__
$400 \cdot 10 =$ __4 000__ $10 \cdot 2 000 =$ __20 000__

2
$12 \cdot 100 =$ __1 200__ $100 \cdot 52 =$ __5 200__
$330 \cdot 100 =$ __33 000__ $100 \cdot 152 =$ __15 200__
$480 \cdot 100 =$ __48 000__ $1 000 \cdot 152 =$ __152 000__
$2 480 \cdot 100 =$ __248 000__ $1 000 \cdot 700 =$ __700 000__

3

·	8	20	700	3 000
3	24	60	2 100	9 000
30	240	600	21 000	90 000
6	48	120	4 200	18 000
70	560	1 400	49 000	210 000
200	1 600	4 000	140 000	600 000

4 Male Aufgabe und Ergebnis gleich an.

1
$80 : 10 =$ __8__ $500 : 100 =$ __5__
$800 : 10 =$ __80__ $5 000 : 100 =$ __50__
$4 800 : 10 =$ __480__ $23 000 : 100 =$ __230__
$12 300 : 10 =$ __1 230__ $36 000 : 1 000 =$ __36__

2
$72 000 : 10 =$ __7 200__ $674 000 : 1 000 =$ __674__
$72 000 : 100 =$ __720__ $138 000 : 100 =$ __1 380__
$72 000 : 1 000 =$ __72__ $456 000 : 10 =$ __45 600__
$72 000 : 8 000 =$ __9__ $540 000 : 600 =$ __900__

3

:	100	200	40	4 000	1 000
16 000	160	80	400	4	16
400 000	4 000	2 000	10 000	100	400
32 000	320	160	800	8	32
360 000	3 600	1 800	9 000	90	360
80 000	800	400	2 000	20	80

4 Umrande jeweils Aufgabe und Ergebnis mit gleicher Farbe.

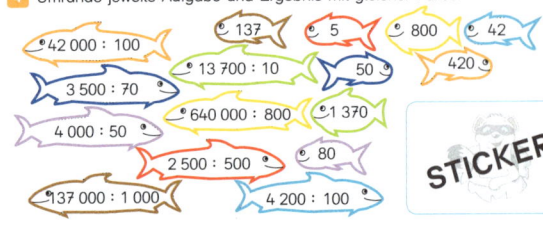

STICKER

1 <, > oder = ? Setze richtig ein.

$123 \text{ t} > 321 \text{ kg}$ $0,1 \text{ t} > 0,1 \text{ kg}$ $10 \text{ t } 20 \text{ kg} < 10,2 \text{ t}$
$1 \text{ t} > 999 \text{ kg}$ $0,1 \text{ t} > 1 \text{ kg}$ $10 \text{ t } 2 \text{ kg} < 10,2 \text{ t}$
$1 \text{ t} < 1 001 \text{ kg}$ $0,1 \text{ t} > 10 \text{ kg}$ $10,09 \text{ t} < 10,10 \text{ t}$
$10 \text{ t} > 1 111 \text{ kg}$ $0,1 \text{ t} = 100 \text{ kg}$ $10,01 \text{ t} < 10,10 \text{ t}$

2 Ergänze die Tabelle und beantworte dann die Fragen.

Name	Großer Tümmler	Karibischer Manati	Seehund	Blauwal
Bei der Geburt wiegt das Tier:	30 kg	20 kg	10 kg	3 600 kg
Das ausgewachsene Tier wiegt:	350 kg	600 kg	100 kg	130 t
So viel hat das Tier zugenommen:	320 kg	580 kg	90 kg	126,4 t
5 erwachsene Tiere wiegen zusammen:	1750 kg = 1,75 t	3000 kg = 3 t	500 kg	650 t
So viel frisst das Tier pro Tag:	7 kg	100 kg	5 kg	5 t
So viel frisst das Tier pro Woche:	49 kg	700 kg	35 kg	35 t

Ordne die ausgewachsenen Tiere nach ihrem Gewicht von leicht bis schwer.

Seehund, Großer Tümmler, Karibischer Manati, Blauwal

3 Verbinde die Tiere mit dem passenden Gewicht.

20 g
1 kg
75 kg
400 kg
2 t
130 t

4 Immer drei Kärtchen gehören zusammen. Male in derselben Farbe an.

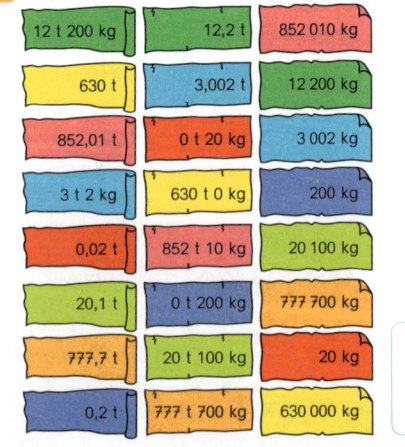

12 t 200 kg	12,2 t	852 010 kg
630 t	3,002 t	12 200 kg
852,01 t	0 t 20 kg	3 002 kg
3 t 2 kg	630 t 0 kg	200 kg
0,02 t	852 t 10 kg	20 100 kg
20,1 t	0 t 200 kg	777 700 kg
777,7 t	20 t 100 kg	20 kg
0,2 t	777 t 700 kg	630 000 kg

STICKER

1 Vergrößere die Figur im Maßstab 2:1.

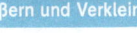
Zeichne 2 cm für 1 cm.

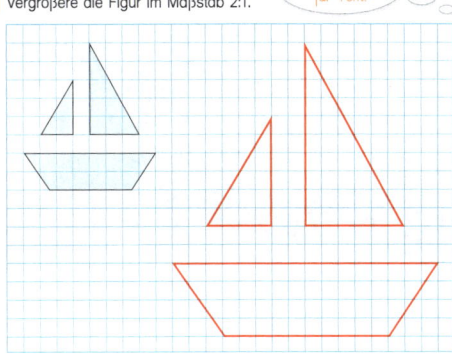

2 Verkleinere die Figur im Maßstab 1:3.

Zeichne 1 cm für 3 cm.

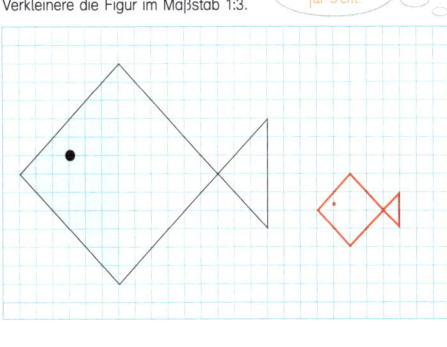

1 Der Maßstab einer Karte oder eines Planes sagt dir, wie groß die angegebene Entfernung in Wirklichkeit ist.

Maßstab	Abbildung	Wirklichkeit	
1:10	1 cm	10 cm	
1:500	1 cm	500 cm =	5 m
1:10 000	1 cm	10 000 cm =	100 m
1:100 000	1 cm	100 000 cm =	1 000 m
1:300 000	1 cm	300 000 cm =	3 000 m = 3 km

2 Wie groß sind die Entfernungen im Plan und in der Wirklichkeit?

1:300 000

Strecke	cm im Plan	km in Wirklichkeit
A – C	3 cm	9 km
E – G – D	10 cm	30 km
A – B – G	12 cm	36 km
B – C – F	11 cm	33 km

STICKER

1

T H Z E		T H Z E		T H Z E
1 2 3 4 · 2		1 2 2 1 · 4		3 2 1 2 · 3
T H Z E		T H Z E		T H Z E
2 4 6 8		4 8 8 4		9 6 3 6

T H Z E		T H Z E		T H Z E
3 2 1 · 4		3 4 5 · 5		3 1 4 · 6
T H Z E		T H Z E		T H Z E
1 2 8 4		1 7 2 5		1 8 8 4

2

1 2 3 2 1 · 2	2 3 4 3 2 · 3	3 2 1 2 3 · 4
2 4 6 4 2	7 0 2 9 6	1 2 8 4 9 2

2 3 1 2 3 · 6	1 2 3 2 0 · 7	2 4 6 0 5 · 5
1 3 8 7 3 8	8 6 2 4 0	1 2 3 0 2 5

3

1 2 3 4 · 1 2	5 4 3 2 · 2 3	2 3 4 5 · 3 4
1 2 3 4 0	1 0 8 6 4 0	7 0 3 5 0
2 4 6 8	1 6 2 9 6	9 3 8 0
1 4 8 0 8	1 2 4 9 3 6	7 9 7 3 0

1 2 3 · 2 3 4	2 3 4 · 4 5 6	4 5 6 · 7 8 9
2 4 6 0 0	9 3 6 0 0	3 1 9 2 0 0
3 6 9 0	1 1 7 0 0	3 6 4 8 0
4 9 2	1 4 0 4	4 1 0 4
2 8 7 8 2	1 0 6 7 0 4	3 5 9 7 8 4

4 Drei Aufgaben sind falsch. Überprüfe und rechne richtig.

9 1 3 · 2	7 1 1 · 5	2 1 2 1 · 7
1 8 2 6 ✓	3 5 5 5 ✓	1 4 8 4 7 ✓

3 2 0 2 · 6	4 4 4 0 · 8	1 2 5 8 4 · 4
1 9 2 0 2 f	3 5 5 2 0 ✓	5 0 3 3 6 ✓

2 0 0 5 · 3	8 4 3 7 · 2	1 1 0 2 6 · 9
6 0 1 5 ✓	8 8 7 4 f	9 9 0 3 4 f

3 2 0 2 · 6	8 4 3 7 · 2	1 1 0 2 6 · 9
1 9 2 1 2	1 6 8 7 4	9 9 2 3 4

5 Rechne. Überprüfe mit dem Überschlag.

4,11 € · 5	6,50 € · 3	7,99 € · 6
4, 1 1 € · 5	6, 5 0 € · 3	7, 9 9 € · 6
2 0, 5 5 €	1 9, 5 0 €	4 7, 9 4 €

Ü: 4 € · 5 = 20 €   Ü: 7 € · 3 = 21 €   Ü: 8 € · 6 = 48 €

43,23 € · 8	571,43 € · 4
4 3, 2 3 € · 8	5 7 1, 4 3 € · 4
3 4 5, 8 4 €	2 2 8 5, 7 2 €

Ü: 40 € · 8 = 320 €   Ü: 600 € · 4 = 2400 €

STICKER

1 Dividiere schriftlich. Rechne auch die Probe.

```
T H Z E        T H Z E
9 6 6 6 : 3 = 3 2 2 2
9
0 6
  6        Probe:
  0 6       3 2 2 2 · 3
    6
    0 6      9 6 6 6
      6
      0
```

```
T H Z E        T H Z E
9 6 6 6 : 2 = 4 8 3 3
8
1 6
1 6        Probe:
  0 6       4 8 3 3 · 2
    6
    0 6      9 6 6 6
      6
      0
```

Achte auf die Nullen!

```
T H Z E        T H Z E
4 9 5 6 : 7 =   7 0 8
4 9
0 5
  0        Probe:
  5 6       7 0 8 · 7
  5 6
  0         4 9 5 6
```

```
T H Z E        T H Z E
7 3 8 0 : 6 = 1 2 3 0
6
1 3
1 2        Probe:
  1 8       1 2 3 0 · 6
  1 8
  0 0        7 3 8 0
    0
    0
```

```
T H Z E        T H Z E
5 3 5 0 : 5 = 1 0 7 0
5
0 3
  0        Probe:
  3 5       1 0 7 0 · 5
  3 5
  0 0        5 3 5 0
    0
    0
```

```
T H Z E          T H Z E
7 8 0 9 : 3 = 2 6 0 3
6
1 8
1 8        Probe:
  0 0       2 6 0 3 · 3
    0
    0 9      7 8 0 9
      9
      0
```

Welche Kartoffeln soll ich kaufen?

2 Welche Kartoffeln sind am günstigsten? Berechne den Preis für 1 kg.

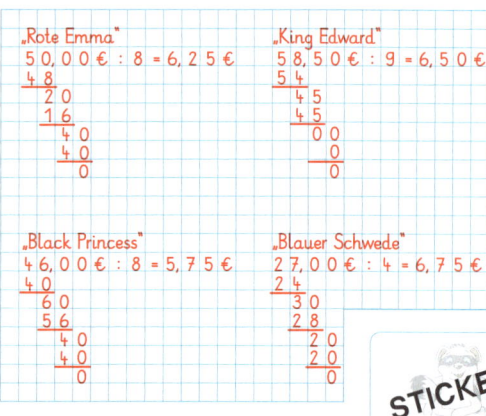

„Rote Emma"
```
5 0 , 0 0 € : 8 = 6 , 2 5 €
4 8
  2 0
  1 6
    4 0
    4 0
    0
```

„King Edward"
```
5 8 , 5 0 € : 9 = 6 , 5 0 €
5 4
  4 5
  4 5
    0 0
    0
    0
```

„Black Princess"
```
4 6 , 0 0 € : 8 = 5 , 7 5 €
4 0
  6 0
  5 6
    4 0
    4 0
    0
```

„Blauer Schwede"
```
2 7 , 0 0 € : 4 = 6 , 7 5 €
2 4
  3 0
  2 8
    2 0
    2 0
    0
```

Die Sorte „Black Princess" ist am günstigsten.

---

1 Die Piraten haben mehrere Schatzkisten gefunden.
In den Kisten sind Gold- und Silbermünzen.
Jeder Pirat darf eine Münze ziehen, ohne hinzusehen.
Tarip ist als Erster an der Reihe.

A   B   C   D

Bei welcher Kiste hat Tarip die größte Chance,

eine goldene Münze zu ziehen? __C__

Bei welcher Kiste ist es am

unwahrscheinlichsten, eine goldene

Münze zu ziehen? __A__

Hat der nächste Pirat noch die gleiche Chance auf eine goldene Münze?

Wie oft müsste man aus Kiste A nacheinander
ziehen, ohne die Münzen zurückzulegen,
um **sicher** eine goldene Münze zu ziehen?

Man müsste 10-mal ziehen.

2

E   F   G   H

Aus welcher Kiste würdest du ziehen, um die größte Chance
auf eine goldene Münze zu haben?

Ich würde aus Kiste G ziehen.

3 Setze das richtige Wort ein.

| sicher | wahrscheinlich | unwahrscheinlich | unmöglich |

Ich ziehe _____ wahrscheinlich _____
eine blaue Perle.

Es ist _____ unwahrscheinlich _____,
eine rote Perle zu ziehen.

Ich ziehe _____ sicher _____
eine grüne, eine blaue oder eine rote Perle.

Es ist _____ unmöglich _____,
eine gelbe Perle zu ziehen.

4 Male die Perlen passend an.

(Hier gibt es viele verschiedene Lösungen.)
Es ist **unmöglich**, eine blaue Perle
zu ziehen und **unwahrscheinlich**,
eine gelbe Perle zu ziehen.

(Beispiellösungen:)

Es ist **wahrscheinlich**, eine rote Perle
zu ziehen und **sicher**, keine grüne Perle
zu ziehen.

Es ist **sicher**, eine grüne
Perle zu ziehen.

1 Die Piraten haben die Schatzinsel erreicht.
Es gibt verschiedene Wege zum Schatz.

1A, 1B, ...

1 A	1 B
1 C	1 D
2 A	2 B
2 C	2 D
3 A	3 B
3 C	3 D

Insgesamt gibt es __12__ Möglichkeiten,
um zum Schatz zu gelangen.
Tarip geht auf jeden Fall Weg **2**.
Wie viele Möglichkeiten gibt es dann? __4__
Tira möchte nicht Weg **C** gehen, da
man hier zu viel klettern muss.
Sie hat dann noch insgesamt __9__ Möglichkeiten,
um zum Schatz zu kommen.
Piet entdeckt noch einen neuen Weg **E**.
Wie viele Möglichkeiten hat er nun insgesamt,
um den Schatz zu erreichen? __15__

2 Bei der Kinderanimation des Kreuzfahrtschiffes steht heute
Tauziehen auf dem Programm. Jan, Chiara, Lara, Nils und
Ferdinand treten gegeneinander an. Jeder zieht gegen jeden.

Wie viele Durchgänge gibt es, bis jeder gegen jeden
an der Reihe war? ___Es gibt zehn Durchgänge.___

Jan ⟶ Chiara, Lara, Nils, Ferdinand (4)
Chiara ⟶ Lara, Nils, Ferdinand (3)
Lara ⟶ Nils, Ferdinand (2)
Nils ⟶ Ferdinand (1)

Emilia kommt noch dazu. Sie möchte auch am Tauziehen teilnehmen.

Wie viele Paarungen gibt es dann insgesamt? ___15___

3 Abends wird Tischtennis gespielt. Wieder spielt jeder gegen jeden.
Insgesamt wird 36-mal gespielt. Wie viele Teilnehmer sind es? _9_

$$8 + 7 + 6 + 5 + 4 + 3 + 2 + 1 = 36$$

STICKER

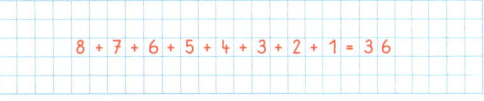

1 Wie schwer sind die Tiere? Trage ihr Gewicht
jeweils in t und in kg in die Tabelle ein.

Tier	Gewicht in t	Gewicht in kg
See-Elefant	3,6 t	3 600 kg
Delfin	0,1 t	100 kg
Hai	3 t	3 000 kg
Teufelsrochen	2 t	2 000 kg
Seekuh	0,6 t	600 kg
Walross	1 t	1 000 kg
Kegelrobbe	0,2 t	200 kg
Seehund	0,1 t	100 kg

2 Zeichne die fehlenden Säulen in das Schaubild.

3 Trage das Gewicht dieser Wale in das Schaubild ein.
Finnwal 80 t, Blauwal 130 t, Schwertwal 7 t

4 Betrachte das Schaubild genau und beantworte die Fragen.

Welcher Wal wiegt am meisten? ___Blauwal___

Welcher Wal ist am leichtesten? ___Großer Tümmler___

Welcher Wal ist genau 30 t schwer? ___Grauwal___

Welche Wale wiegen weniger als 10 t?

___Großer Tümmler, Weißwal, Grindwal,___

___Schwertwal, Zwergwal___

STICKER

1   Zeichne weitere parallele Geraden zu g.

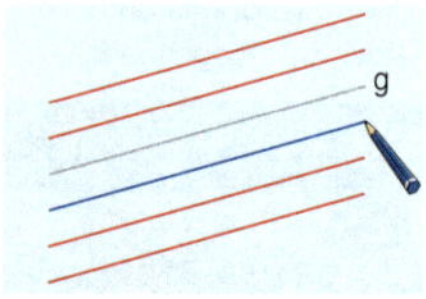

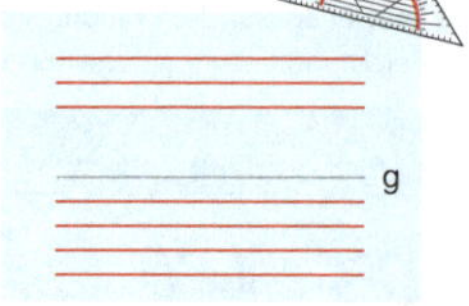

g

g

2   Zeichne jeweils drei senkrechte Geraden zu g.

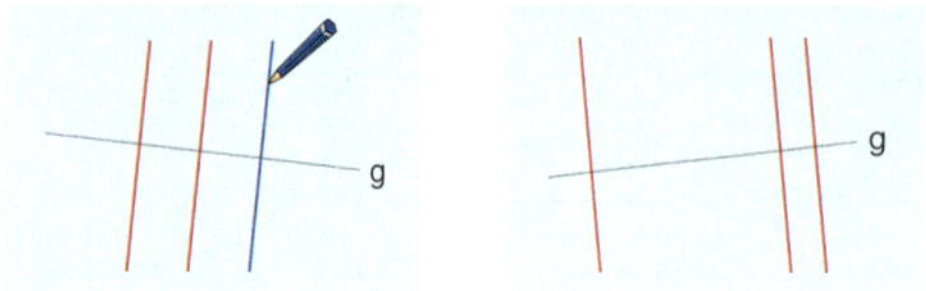

g

g

3   Kennzeichne parallele Geraden ▨ und die Gerade, die senkrecht dazu steht ▨.

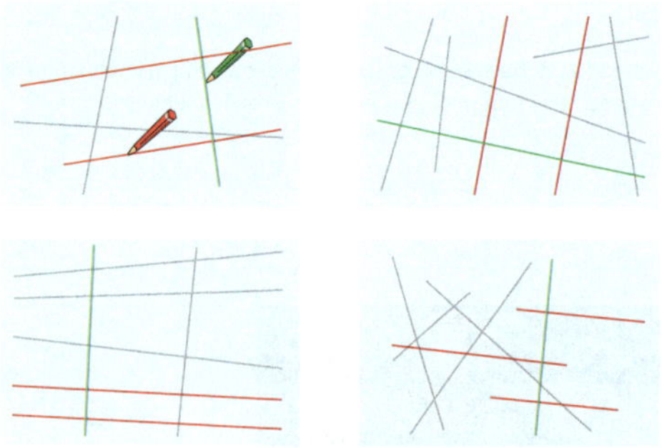

4   Zeichne in die Formen und Figuren rechte Winkel ein.

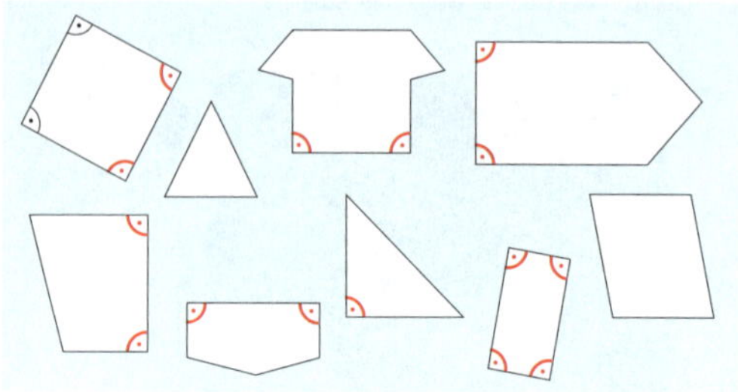

5   Zeichne ein Rechteck, das 5 cm lang und 3 cm breit ist.

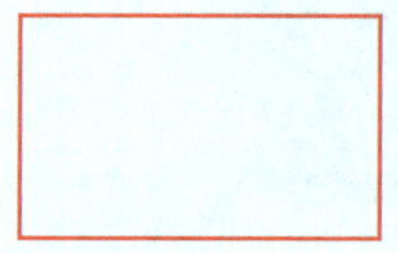

Zeichne ein Quadrat mit der Seitenlänge 4 cm.

6   Zeichne mit dem Geodreieck weiter. Male an.

STICKER

1	2	3	4	5	6	7	8	9	10
11	12	13	14	15	16	17	18	19	20
21	22	23	24	25	26	27	28	29	30
31	32	33	34	35	36	37	38	39	40
41	42	43	44	45	46	47	48	49	50
51	52	53	54	55	56	57	58	59	60
61	62	63	64	65	66	67	68	69	70
71	72	73	74	75	76	77	78	79	80
81	82	83	84	85	86	87	88	89	90
91	92	93	94	95	96	97	98	99	100

2, 4, 6, 8 … nennt man **Vielfache** von 2.

1, 2, 4, 8, 16 sind **Teiler** von 16.

Primzahlen lassen sich nur durch 1 und sich selbst teilen. Die 1 ist keine Primzahl.

1   Finde alle Primzahlen bis 100.

1. Kreise die erste Primzahl ein. Das ist die 2. Streiche nun alle Vielfachen von 2 durch.

2. Kreise die erste, noch nicht durchgestrichene Zahl ein. Das ist die 3. Streiche nun alle Vielfachen von 3 durch.

3. Kreise die nächste, noch nicht durchgestrichene Zahl ein, also die 5. Streiche nun alle Vielfachen von 5 durch.

4. Kreise wieder die nächste, nicht durchgestrichene Zahl ein, also die 7. Streiche nun alle Vielfachen von 7 durch.

5. Kreise nun alle noch übrig gebliebenen Zahlen ein. Jetzt hast du alle Primzahlen bis 100 gefunden.

Achtung: Die 1 ist keine Primzahl!

2   Ich habe __25__ Primzahlen bis 100 gefunden.

Die kleinste Primzahl ist die __2__ .

Die größte Primzahl bis 100 ist die __97__ .

---

3   Schreibe jeweils fünf Vielfache auf

(Hier gibt es viele verschiedene Möglichkeiten.)

(Beispiellösung)

von   8 :   __16__ , __24__ , __32__ , __40__ , __48__

von 40 :   __80__ , __120__ , __160__ , __200__ , __240__

von 100 :   __200__ , __300__ , __400__ , __500__ , __600__

von 250 :   __500__ , __750__ , __1000__ , __1250__ , __1500__

von 333 :   __666__ , __999__ , __1332__ , __1665__ , __1998__

Der Taschenrechner hilft dir.

4   Finde alle Teiler mit dem Taschenrechner.

24 : __1, 2, 3, 4, 6, 8, 12, 24__

32 : __1, 2, 4, 8, 16, 32__

100 : __1, 2, 4, 5, 10, 20, 25, 50, 100__

112 : __1, 2, 4, 7, 8, 14, 16, 28, 56, 112__

500 : __1, 2, 4, 5, 10, 20, 25, 50, 100, 125, 250, 500__

5   Welche Zahlen sind Teiler von 3 264? Male an.

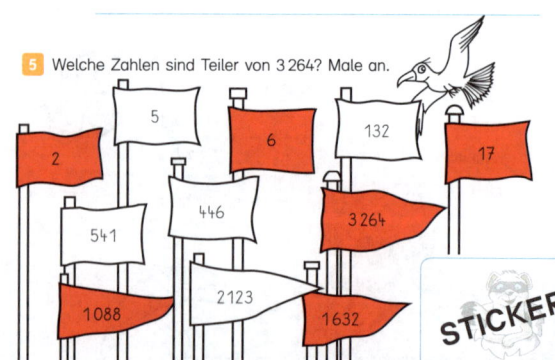

STICKER

Addition	Subtraktion	Multiplikation	Division
addieren	subtrahieren	multiplizieren	dividieren
$3 + 3 = 6$	$3 - 3 = 0$	$3 \cdot 3 = 9$	$3 : 3 = 1$
Summe	Differenz	Produkt	Quotient

1 Was gehört zusammen? Male in der gleichen Farbe an.

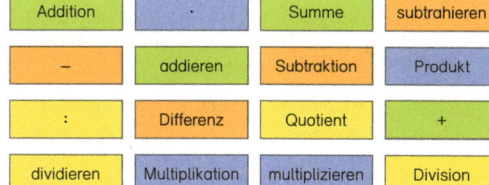

Addition	·	Summe	subtrahieren
−	addieren	Subtraktion	Produkt
:	Differenz	Quotient	+
dividieren	Multiplikation	multiplizieren	Division

2

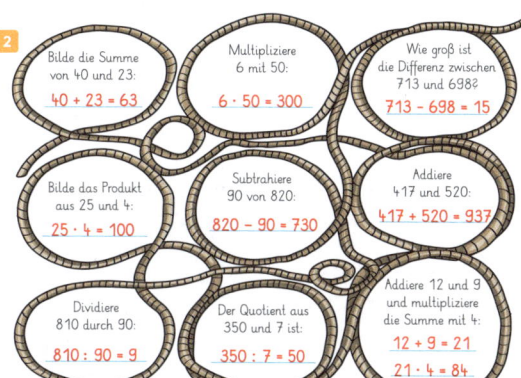

Bilde die Summe von 40 und 23:
$40 + 23 = 63$

Multipliziere 6 mit 50:
$6 \cdot 50 = 300$

Wie groß ist die Differenz zwischen 713 und 698?
$713 - 698 = 15$

Bilde das Produkt aus 25 und 4:
$25 \cdot 4 = 100$

Subtrahiere 90 von 820:
$820 - 90 = 730$

Addiere 417 und 520:
$417 + 520 = 937$

Dividiere 810 durch 90:
$810 : 90 = 9$

Der Quotient aus 350 und 7 ist:
$350 : 7 = 50$

Addiere 12 und 9 und multipliziere die Summe mit 4:
$12 + 9 = 21$
$21 \cdot 4 = 84$

---

1 Meine Zahl ...

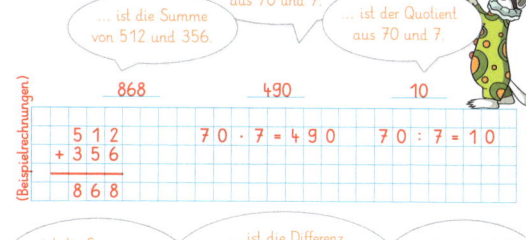

... ist das Produkt aus 70 und 7.

... ist die Summe von 512 und 356.

... ist der Quotient aus 70 und 7.

(Beispielrechnungen)

868   490   10

```
  5 1 2
+ 3 5 6
-------
  8 6 8
```
$70 \cdot 7 = 490$ $70 : 7 = 10$

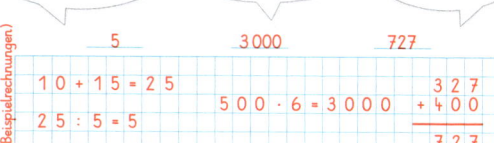

... ist die Summe von 10 und 15, dividiert durch 5.

... ist die Differenz zwischen 500 und 1000, multipliziert mit 6.

... ist das Produkt aus 5 und 80, addiert zu 327.

(Beispielrechnungen)

5   3 000   727

$10 + 15 = 25$
$25 : 5 = 5$

$500 \cdot 6 = 3000$

```
  3 2 7
+ 4 0 0
-------
  7 2 7
```

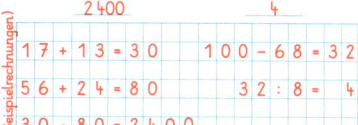

... erhältst du, wenn du die Summen von 17 und 13 sowie 56 und 24 miteinander multiplizierst.

... erhältst du, wenn du 68 von 100 subtrahierst und diese Differenz durch 8 dividierst.

(Beispielrechnungen)

2 400   4

$17 + 13 = 30$ $100 - 68 = 32$
$56 + 24 = 80$ $32 : 8 = 4$
$30 \cdot 80 = 2400$

STICKER

Bei Fermi-Aufgaben kommt es nicht auf ein genaues Ergebnis an. Du sollst einen **Lösungsweg** finden.

1 Wie viele Viertklässler bräuchte man, um einen Blauwal tragen zu können?

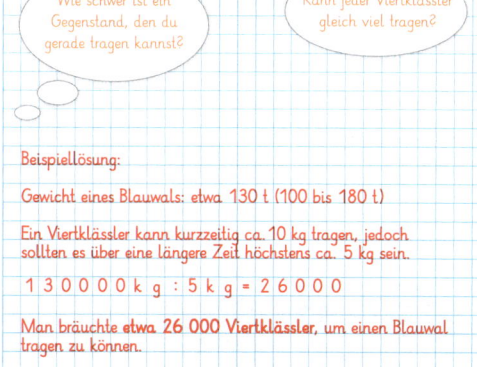

Wie schwer ist ein Gegenstand, den du gerade tragen kannst?

Kann jeder Viertklässler gleich viel tragen?

Beispiellösung:

Gewicht eines Blauwals: etwa 130 t (100 bis 180 t)

Ein Viertklässler kann kurzzeitig ca. 10 kg tragen, jedoch sollten es über eine längere Zeit höchstens ca. 5 kg sein.

$130\,000\,kg : 5\,kg = 26\,000$

Man bräuchte **etwa 26 000 Viertklässler**, um einen Blauwal tragen zu können.

Wie schwer ist ein Blauwal ungefähr?

2 Wie viele Blauwale könnten an der tiefsten Stelle des Pazifischen Ozeans direkt übereinanderschwimmen?

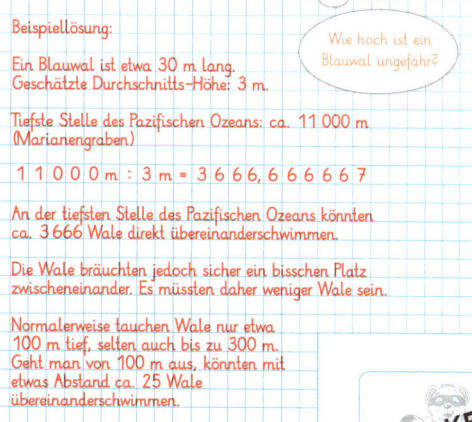

Beispiellösung:

Ein Blauwal ist etwa 30 m lang. Geschätzte Durchschnitts-Höhe: 3 m.

Tiefste Stelle des Pazifischen Ozeans: ca. 11 000 m (Marianengraben)

$11\,000\,m : 3\,m = 3\,666,666\,667$

An der tiefsten Stelle des Pazifischen Ozeans könnten ca. 3 666 Wale direkt übereinanderschwimmen.

Die Wale bräuchten jedoch sicher ein bisschen Platz zwischeneinander. Es müssten daher weniger Wale sein.

Normalerweise tauchen Wale nur etwa 100 m tief, selten auch bis zu 300 m. Geht man von 100 m aus, könnten mit etwas Abstand ca. 25 Wale übereinanderschwimmen.

Wie hoch ist ein Blauwal ungefähr?

STICKER

Wer hat recht? Kreuze an.   *Zuerst in den Klammern rechnen.*

☐
8 · (70 + 30)
8 · 70 = 560
560 + 30 = 590
8 · (70 + 30) = 590
Nils

✗
8 · (70 + 30)
70 + 30 = 100
8 · 100 = 800
8 · (70 + 30) = 800
Lara

1

5 · (900 + 100) =
5 · 1000 = 5 000
(5 · 900) + 100 =
4 500 + 100 = 4 600

3 · (250 − 210) =
3 · 40 = 120
(3 · 250) − 210 =
750 − 210 = 540

600 : (200 + 400) =
600 : 600 = 1
(600 : 200) + 400 =
3 + 400 = 403

350 : (7 − 2) =
350 : 5 = 70
(350 : 7) − 2 =
50 − 2 = 48

2

(250 + 150) : 5 = 80
(250 + 150) : 50 = 8

(420 − 60) : 6 = 60
(420 − 60) : 60 = 6

(560 : 80) · 5 = 35
(560 : 80) · 50 = 350

(640 + 260) : 9 = 100
(640 + 260) : 90 = 10

(810 − 90) : 9 = 80
(810 − 90) : 90 = 8

(50 · 7) : 7 = 50
(50 · 7) : 70 = 5

1

7 · 50 + 3 · 50 = 500
350 + 150 = 500

Punktrechnung geht vor Strichrechnung.

9 · 40 − 3 · 40 = 240
360 − 120 = 240

6 · 80 + 4 · 80 = 800
480 + 320 = 800

50 · 5 − 30 · 5 = 100
250 − 150 = 100

50 · 30 + 50 · 30 = 3 000
1500 + 1500 = 3 000

60 · 20 − 20 · 20 = 800
1200 − 400 = 800

70 · 80 + 20 · 80 = 7 200
5 600 + 1 600 = 7 200

2

90 · 4 + 20 : 5 = 364
360 + 4 = 364

800 : 4 + 30 · 8 = 440
200 + 240 = 440

70 · 9 − 300 : 6 = 580
630 − 50 = 580

140 : 7 + 80 : 4 = 40
20 + 20 = 40

27 : 3 + 500 · 2 = 1009
9 + 1000 = 1009

560 : 8 − 280 : 4 = 0
70 − 70 = 0

70 + 3 · 200 − 80 = 590
70 + 600 − 80 = 590

490 − 300 : 6 + 50 = 490
490 − 50 + 50 = 490

STICKER

1

+	5	20	25	50
100	105	120	125	150
1 000	1005	1020	1025	1050
10 000	10005	10020	10025	10050
100 000	100005	100020	100025	100050

−	5	20	25	50
100	95	80	75	50
1 000	995	980	975	950
10 000	9 995	9 980	9 975	9 950
100 000	99 995	99 980	99 975	99 950

·	5	20	25	50
100	500	2000	2500	5000
1 000	5 000	20 000	25 000	50 000
10 000	50 000	200 000	250 000	500 000
100 000	500 000	2 000 000	2 500 000	5 000 000

:	5	20	25	50
100	20	5	4	2
1 000	200	50	40	20
10 000	2 000	500	400	200
100 000	20 000	5 000	4 000	2 000

2 Setze die passenden Rechenzeichen ein. ⊕ ⊖ ⊙ ⊘

200 000 : 4 = 50 000   200 000 − 4 = 199 996
200 000 · 4 = 800 000   200 000 + 4 = 200 004

150 500 : 5 = 30 100   150 500 − 5 = 150 495
150 500 + 5 = 150 505   150 500 · 5 = 752 500

330 033 + 3 = 330 036   330 033 · 3 = 990 099
330 033 − 3 = 330 030   330 033 : 3 = 110 011

3   70 · 80 = 6 000 − 400   1 203 + 3 = 3 618 : 3
5 600 : 8 = 4 900 : 7   6 745 + 5 = 13 500 : 2

8 088 − 88 = 40 · 200   80 000 : 10 000 = 4 + 4
160 + 160 = 9 600 : 30   12 800 : 2 = 80 · 80

490 000 − 70 000 = 700 · 600
30 · 30 000 = 427 836 + 472 164

STICKER

1 Jan und Chiara dürfen auf der Kreuzfahrt Cocktails mixen.
Wie viel Saft haben die Kinder jeweils hergestellt? Trage ein.

Apfelsaft	Orangen-saft	Maracuja-saft	Bananen-saft	Kirsch-saft	Zitronen-saft	Menge insgesamt
20 ml	5 ml	30 ml	0 ml	0 ml	10 ml	**65** ml
0 ml	0 ml	0 ml	600 ml	$\frac{1}{2}$ l	0 ml	**1100** ml
$\frac{3}{4}$ l	$\frac{1}{8}$ l	0 ml	0 ml	0 ml	$\frac{1}{10}$ l	**975** ml
$\frac{1}{8}$ l	$\frac{1}{8}$ l	$\frac{1}{8}$ l	0 ml	$\frac{1}{8}$ l	0 ml	**500** ml
$\frac{1}{10}$ l	0 ml	250 ml	0,1 l	125 ml	0 ml	**575** ml

2 Lara und Emilia haben einen sehr leckeren Saft
gemischt und eine 2-Liter-Karaffe damit randvoll gefüllt.
Chiara und Jan möchten gerne einen halben Liter
von dem leckeren Saft in Chiaras Karaffe umfüllen.
Sie haben aber keinen Messbecher.
Jans Karaffe fasst 750 ml.
Lara hat noch ein kleines Glas, das $\frac{1}{8}$ l fasst.
Wie können die Kinder es schaffen,
genau einen halben Liter Saft abzumessen?

Es gibt verschiedene Möglichkeiten.

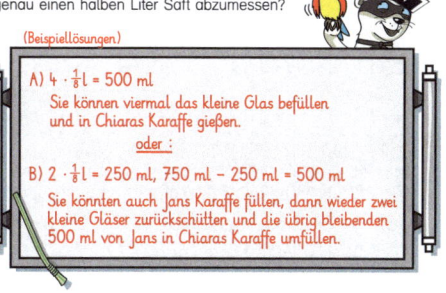

(Beispiellösungen)

A) $4 \cdot \frac{1}{8}$ l = 500 ml
Sie können viermal das kleine Glas befüllen
und in Chiaras Karaffe gießen.

oder :

B) $2 \cdot \frac{1}{8}$ l = 250 ml, 750 ml − 250 ml = 500 ml
Sie könnten auch Jans Karaffe füllen, dann wieder zwei
kleine Gläser zurückschütten und die übrig bleibenden
500 ml von Jans in Chiaras Karaffe umfüllen.

3 Verbinde.

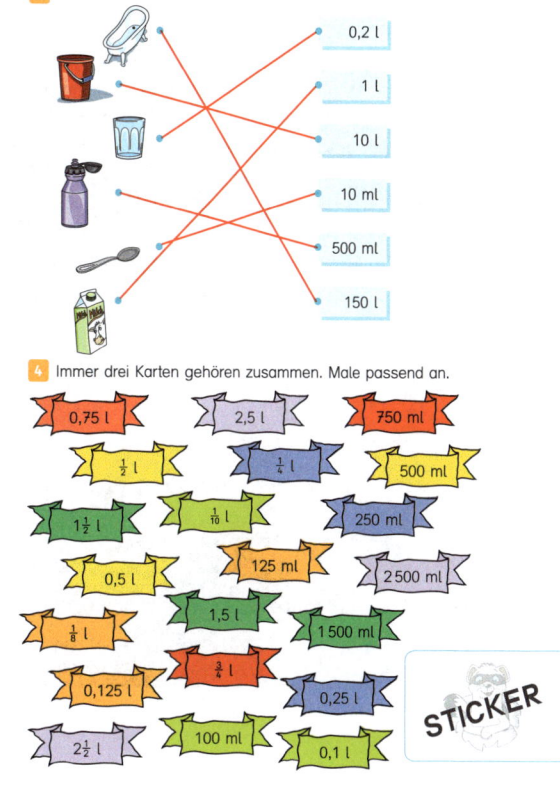

4 Immer drei Karten gehören zusammen. Male passend an.

0,75 l · 2,5 l · 750 ml · $\frac{1}{2}$ l · $\frac{1}{4}$ l · 500 ml · 1$\frac{1}{2}$ l · $\frac{1}{10}$ l · 250 ml · 0,5 l · 125 ml · 2 500 ml · $\frac{1}{8}$ l · 1,5 l · 1 500 ml · 0,125 l · $\frac{3}{4}$ l · 0,25 l · 2$\frac{1}{2}$ l · 100 ml · 0,1 l

STICKER

1 Ergänze den Lückentext.

6 Stunden · 4 323 qm · 3 Jahren · 3 Liter · 6 Monaten · 120 000 t · 10 Tage · 20:30 Uhr · 32,3 m · 40 km/h · 1699 Euro · 253,33 m

Lieber Niklas,
wir machen mit der ganzen Familie eine Kreuzfahrt. Die Reise dauert
__10 Tage__. Unser Schiff ist riesig! Es ist __253,33 m__ lang
und __32,3 m__ breit. Das Restaurant, in dem wir mittags
essen, hat eine Fläche von __4323 qm__. Da würde unser
Wohnzimmer 216-mal reinpassen! Kannst du dir das vorstellen?
Das Schiff fährt mit einer Geschwindigkeit von 22 Knoten.
Mein neuer Freund hat mir erklärt, dass das etwa so schnell ist wie
__40 km/h__ mit dem Auto.
Tanken muss das Schiff natürlich auch. Pro Person verbraucht das
Schiff im Schnitt __3 Liter__ Treibstoff auf 100 km Fahrt.
Außer uns sind hier noch etwa 3 000 andere Gäste an Bord.
Das Schiff wiegt __120 000 t__. Damit ist es so schwer wie
24 000 Elefanten. Ist das nicht unglaublich?
Für uns Kinder gibt es hier bis zu __6 Stunden__ lang täglich
ein tolles Kinder-Programm. Es endet um __20:30 Uhr__.
Mitmachen dürfen alle Kinder im Alter von __3 Jahren__ bis
12 Jahren.
Papa hat die Reise schon vor __6 Monaten__ gebucht und sie
uns allen zu Weihnachten geschenkt.
Er hat dafür __1699 Euro__ bezahlt. Dafür hätte ich mein
Taschengeld neun Jahre lang sparen müssen.
Jetzt muss ich Schluss machen, die Schatzsuche fängt an.

Viele Grüße
Jan

2 Ergänze. (Beispiellösung)

0,1 l	0,5 l	0,5 l	1,2 l	9,7 l	3,75 l	0,5 l
0,9 l	0,5 l	0,7 l	2,7 l	0,3 l	6,25 l	0,25 l
1,0 l	1,0 l	1,2 l	3,9 l	10,0 l	10,0 l	0,75 l

25,3 kg	179,2 kg	852,6 kg	101 kg	222,9 kg	872,0 kg	321,3 kg
24,1 kg	20,8 kg	147,4 kg	611,6 kg	99 kg	101,1 kg	178,7 kg
49,4 kg	200,0 kg	1 000 kg	712,6 kg	321,9 kg	973,1 kg	500 kg

3 <, > oder = ? Setze richtig ein.

1,2 kg **=** 1 200 g   0,75 l **=** $\frac{3}{4}$ l   0,2 l **<** 0,4 l
1,2 g **<** 1 200 g   0,75 l **>** 0,5 l $\frac{1}{10}$ l **<** $\frac{1}{2}$ l
1,2 t **=** 1 200 kg   0,75 l **<** 1,25 l $\frac{1}{4}$ l **=** 0,25 l
1,2 t **>** 1 200 g   0,75 l **=** 750 ml $\frac{1}{4}$ l **>** $\frac{1}{8}$ l

1 234 567,89 m **>** 987 654,32 m
123 456,78 m **<** 123 465,78 m
123 456,78 € **<** 123 456,87 €
1 001 001,10 € **>** 1 000 101,11 €

STICKER

Piratenhafen ab

Fahrplan Fähre
Montag bis Freitag

7	05		
8	05	35	
9	05	35	50
10	05	20	35	50
11	05	20	35	50
12	05	20	35	
13	05	35	

Forscherriff ab

Fahrplan Fähre
Montag bis Freitag

7	05	
8	05	
9	05	35
10	05	35
11	05	20	35
12	20	
13	20	

Fahrpreise

Einzelfahrt	Kind	1,60€
Einzelfahrt	Erwachsener	2,70€
Einzelfahrt	Gruppenticket (bis 5 Personen)	6,80€
Hin- und Rückfahrt	Kind	2,90€
Hin- und Rückfahrt	Erwachsener	5,20€
Hin- und Rückfahrt	Gruppenticket (bis 5 Personen)	12,90€

1 Emilia, Ferdinand und ihr Vater machen einen Tagesausflug. Sie warten auf die Fähre vom Piratenhafen zum Forscherriff.

Es ist jetzt 07:50 Uhr. Die nächste Fähre fährt um 08:05 Uhr ab.

Für Hin- und Rückfahrt kaufen sie an der Kasse ___eine Rückfahrkarte für Erwachsene und zwei Rückfahrkarten für Kinder.___ . Der Vater muss insgesamt 11 Euro bezahlen.

2,90€ · 2 = 5,80€

5,80€ + 5,20€ = 11€

2 Vier Taucher beenden ihre Forschungsreise und fahren vom Forscherriff zum Piratenhafen. Sie treffen sich um 07:07 Uhr und verpassen die Fähre um 07:05 Uhr um 2 Minuten. Die nächste Fähre fährt um 08:05 Uhr ab. Sie müssen 58 Minuten warten und kaufen in der Zwischenzeit ___ein Einzelfahrt-Gruppenticket___ .

Zusammen bezahlen sie 6,80 Euro für die Fährüberfahrt.

3 Sechs Forscher möchten gemeinsam vom Forscherriff zum Piratenhafen fahren. Sie treffen sich um 12:30 Uhr. Sie müssen 50 Minuten auf die nächste Fähre warten.

Sie bezahlen 6,80 € + 2,70 € = 9,50 € .

STICKER

---

64   Gemischtes Rechnen

1 Setze fort. Finde die Regeln.

	Regel
538, 608, 678, 748, 818, 888, 958	+ 70
240, 480, 960, 1920, 3840, 7680, 15360	· 2
4, 80, 1600, 32000, 640000, 12800000	· 20
62000, 6200, 12400, 1240, 2480, 248	:10, · 2
10, 30, 25, 75, 70, 210, 205, 615	· 3, – 5

2 Rechne und trage die fehlenden Ergebnisse ein.

Alle drei Differenzierungshefte innerhalb einer Jahrgangsstufe verbindet ein gemeinsames Grundthema, das von Klassenstufe zu Klassenstufe wechselt. So ist das Lernen mit jedem nächsten Jahrgangsheft, egal ob als Basis, Fördern oder Fordern, wieder motivierend frisch und spannend, zumal bei der Themenauswahl auf die **Lieblingsthemen** der Altersgruppe besonderer Wert gelegt wurde:

Klasse 1: Zirkus
Klasse 2: Fantasy
Klasse 3: Detektive
Klasse 4: Piraten und Meereswelt

Alle Themen sind für Mädchen und Jungen gleichermaßen ansprechend aufbereitet und führen jeweils durch das gesamte Heft. Immer dabei ist die **Zahlenzorro-Leitfigur**, welche die Kinder humorvoll begleitet und mit Hilfen und Anregungen unterstützt.

In jedes Heft ist ein Lösungteil integriert. Dieses **Lösungsheft** lässt sich zusammen mit dem **Stickerbogen** aus der Heftmitte heraustrennen. Das Lösungsheft kann auf diese Weise je nach Bedarf an die Seite gelegt oder auch der Schülerin/dem Schüler zum selbstständigen Überprüfen ausgehändigt werden. Nach Bearbeitung einer Doppelseite im Heft wird dann der Belohnungssticker aus dem Stickerbogen an die entsprechende Stelle unten rechts auf der Doppelseite eingeklebt. Wenn alle Aufkleber im Heft richtig platziert wurden, ergeben sie beim schnellen Durchblättern ein **Daumenkino** mit einem zum Heftthema passenden „Zahlenzorro-Film" voller Überraschungen.

Viel Spaß mit unserer Zahlenzorro-Heftreihe wünscht
das Zahlenzorro-Team

33

3 Verbinde die Tiere mit dem passenden Gewicht.

- 20 g
- 1 kg
- 75 kg
- 400 kg
- 2 t
- 130 t

4 Immer drei Kärtchen gehören zusammen. Male in derselben Farbe an.

12 t 200 kg	12,2 t	852 010 kg
630 t	3,002 t	12 200 kg
852,01 t	0 t 20 kg	3 002 kg
3 t 2 kg	630 t 0 kg	200 kg
0,02 t	852 t 10 kg	20 100 kg
20,1 t	0 t 200 kg	777 700 kg
777,7 t	20 t 100 kg	20 kg
0,2 t	777 t 700 kg	630 000 kg

STICKER

1   Vergrößere die Figur im Maßstab 2:1.

Zeichne 2 cm
für 1 cm.

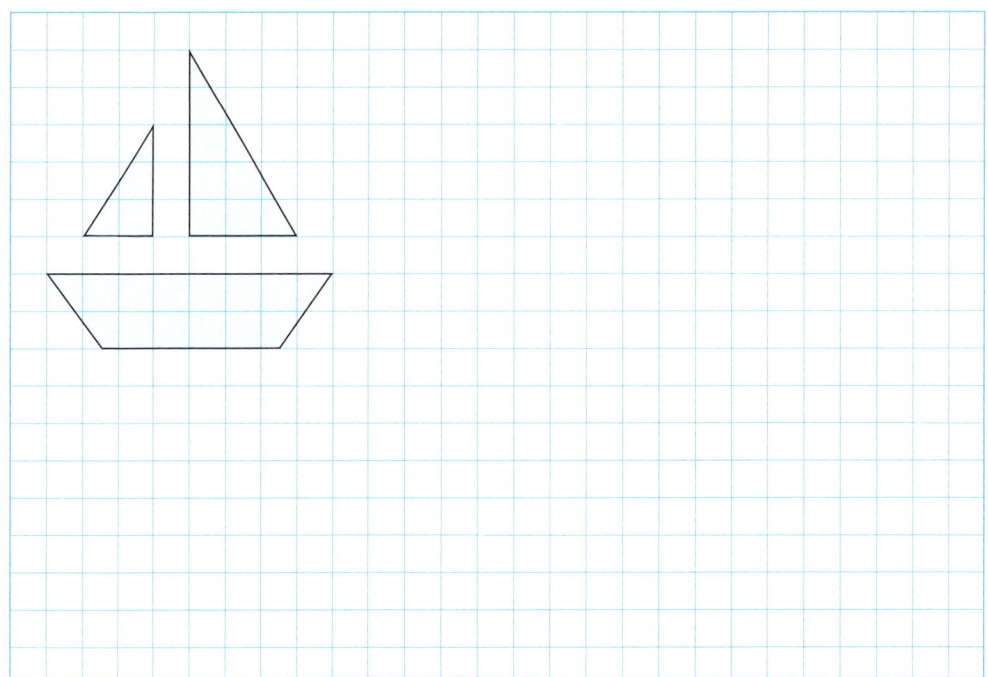

2   Verkleinere die Figur im Maßstab 1:3.

Zeichne 1 cm
für 3 cm.

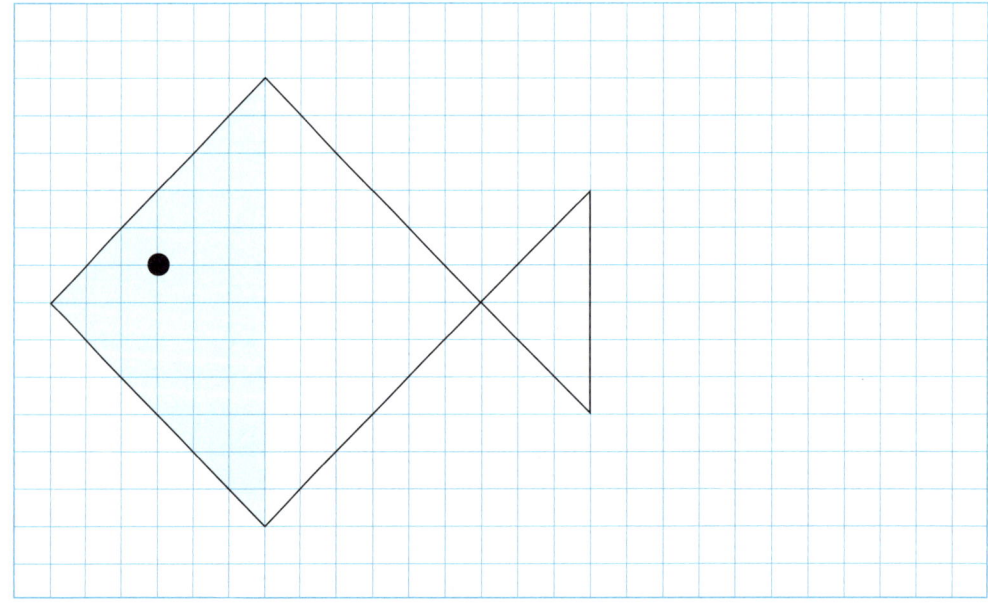

1 Der Maßstab einer Karte oder eines Planes sagt dir,
  wie groß die angegebene Entfernung in Wirklichkeit ist.

Maßstab	Abbildung	Wirklichkeit		
1:10	1 cm	10 cm		
1:500	1 cm	500 cm =	5 m	
1:10 000	1 cm	_____ cm =	_____ m	
1:100 000	1 cm	_____ cm =	_____ m	
1:300 000	1 cm	_____ cm =	_____ m =	_____ km

2 Wie groß sind die Entfernungen im Plan und in der Wirklichkeit?

1:300 000

Strecke	cm im Plan	km in Wirklichkeit
A – C		
E – G – D		
A – B – G		
B – C – F		

STICKER

1

T	H	Z	E	
1	2	3	4	· 2

	T	H	Z	E

T	H	Z	E	
1	2	2	1	· 4

	T	H	Z	E

T	H	Z	E	
3	2	1	2	· 3

	T	H	Z	E

T	H	Z	E	
	3	2	1	· 4

	T	H	Z	E

T	H	Z	E	
	3	4	5	· 5

	T	H	Z	E

T	H	Z	E	
	3	1	4	· 6

	T	H	Z	E

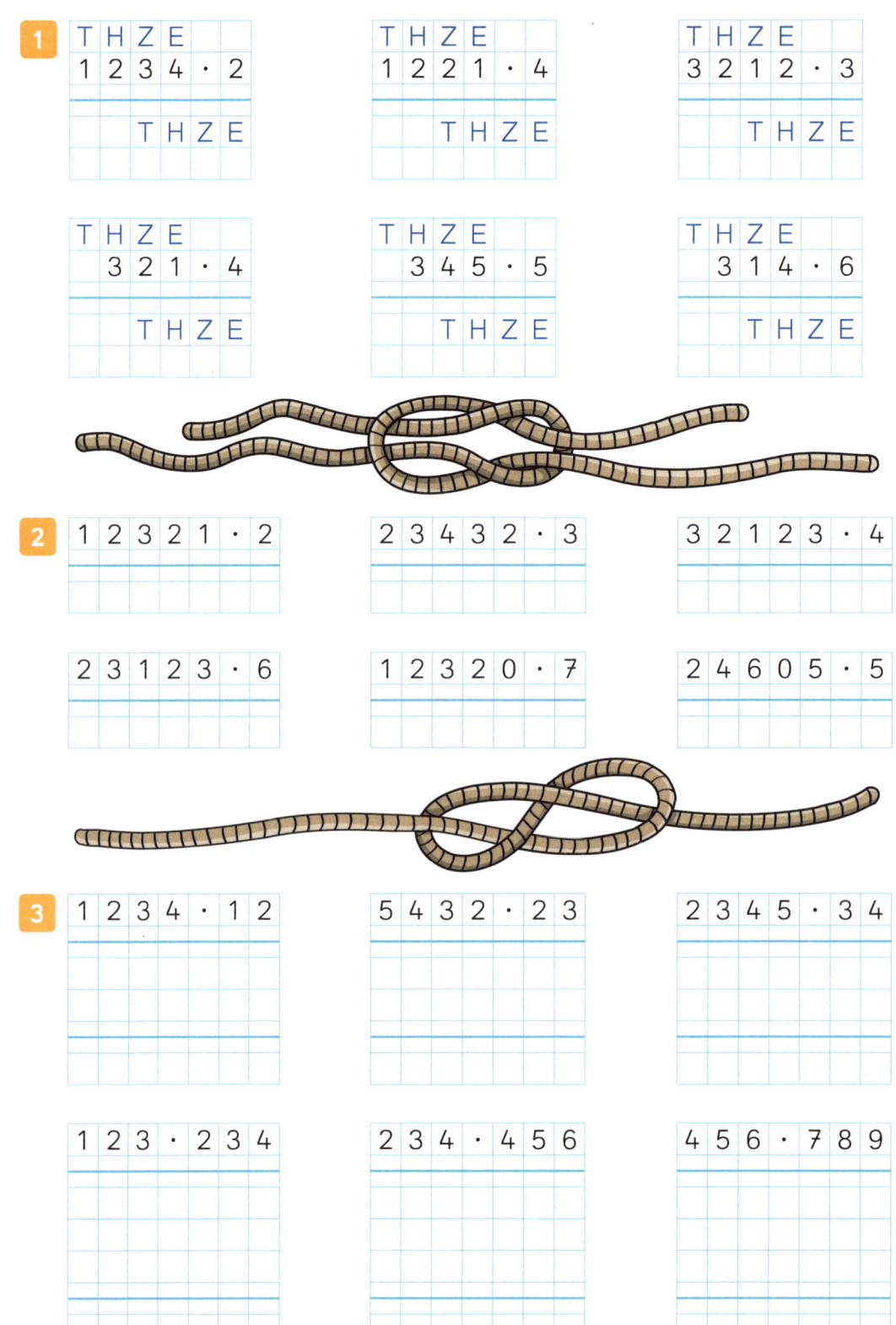

2

1 2 3 2 1 · 2

2 3 4 3 2 · 3

3 2 1 2 3 · 4

2 3 1 2 3 · 6

1 2 3 2 0 · 7

2 4 6 0 5 · 5

3

1 2 3 4 · 1 2

5 4 3 2 · 2 3

2 3 4 5 · 3 4

1 2 3 · 2 3 4

2 3 4 · 4 5 6

4 5 6 · 7 8 9

4 Drei Aufgaben sind falsch. Überprüfe und rechne richtig.

9 1 3 · 2		7 1 1 · 5		2 1 2 1 · 7
1 8 2 6		3 5 5 5		1 4 8 4 7

3 2 0 2 · 6		4 4 4 0 · 8		1 2 5 8 4 · 4
1 9 2 0 2		3 5 5 2 0		5 0 3 3 6

2 0 0 5 · 3		8 4 3 7 · 2		1 1 0 2 6 · 9
6 0 1 5		8 8 7 4		9 9 0 3 4

5 Rechne. Überprüfe mit dem Überschlag.

4,11 € · 5   6,50 € · 3   7,99 € · 6

Ü: 4 € · 5 = _____ €   Ü: _____   Ü: _____

43,23 € · 8   571,43 € · 4

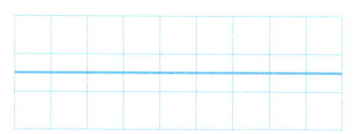

Ü: _____   Ü: _____

STICKER

1 Dividiere schriftlich. Rechne auch die Probe.

| T H Z E | | T H Z E |
9 6 6 6 : 3 =

Probe:

· 3
_____

| T H Z E | | T H Z E |
9 6 6 6 : 2 =

Probe:

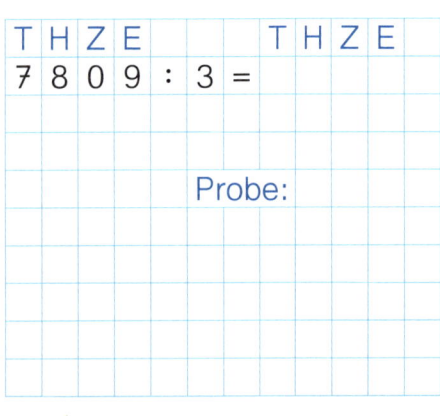

Achte auf die Nullen!

| T H Z E | | T H Z E |
4 9 5 6 : 7 =

Probe:

| T H Z E | | T H Z E |
7 3 8 0 : 6 =

Probe:

| T H Z E | | T H Z E |
5 3 5 0 : 5 =

Probe:

| T H Z E | | T H Z E |
7 8 0 9 : 3 =

Probe:

2 Welche Kartoffeln sind am günstigsten? Berechne den Preis für 1 kg.

_____ ist am günstigsten.

1 Die Piraten haben mehrere Schatzkisten gefunden.
In den Kisten sind Gold- und Silbermünzen.
Jeder Pirat darf eine Münze ziehen, ohne hinzusehen.
Tarip ist als Erster an der Reihe.

A   B   C   D

Bei welcher Kiste hat Tarip die größte Chance,

eine goldene Münze zu ziehen? _____

Bei welcher Kiste ist es am

unwahrscheinlichsten, eine goldene

Münze zu ziehen? _____

Hat der nächste Pirat noch die gleiche Chance auf eine goldene Münze?

 Wie oft müsste man aus Kiste A nacheinander
ziehen, ohne die Münzen zurückzulegen,
um **sicher** eine goldene Münze zu ziehen?

_____

2

E   F   G   H

Aus welcher Kiste würdest du ziehen, um die größte Chance
auf eine goldene Münze zu haben?

_____

3 Setze das richtige Wort ein.

| sicher | wahrscheinlich | unwahrscheinlich | unmöglich |

Ich ziehe _____
eine blaue Perle.

Es ist _____,
eine rote Perle zu ziehen.

Ich ziehe _____
eine grüne, eine blaue oder eine rote Perle.

Es ist _____,
eine gelbe Perle zu ziehen.

4 Male die Perlen passend an.

Es ist **unmöglich**, eine blaue Perle
zu ziehen und **unwahrscheinlich**,
eine gelbe Perle zu ziehen.

Es ist **wahrscheinlich**, eine rote Perle
zu ziehen und **sicher**, keine grüne Perle
zu ziehen.

Es ist **sicher**, eine grüne
Perle zu ziehen.

STICKER

1 Die Piraten haben die Schatzinsel erreicht.
Es gibt verschiedene Wege zum Schatz.

Insgesamt gibt es _____ Möglichkeiten,
um zum Schatz zu gelangen.
Tarip geht auf jeden Fall Weg **2**.
Wie viele Möglichkeiten gibt es dann? _____
Tira möchte nicht Weg **C** gehen, da
man hier zu viel klettern muss.
Sie hat dann noch insgesamt _____ Möglichkeiten,
um zum Schatz zu kommen.
Piet entdeckt noch einen neuen Weg **E**.
Wie viele Möglichkeiten hat er nun insgesamt,
um den Schatz zu erreichen? _____

2 Bei der Kinderanimation des Kreuzfahrtschiffes steht heute Tauziehen auf dem Programm. Jan, Chiara, Lara, Nils und Ferdinand treten gegeneinander an. Jeder zieht gegen jeden.

Wie viele Durchgänge gibt es, bis jeder gegen jeden

an der Reihe war? _____

Emilia kommt noch dazu. Sie möchte auch am Tauziehen teilnehmen.

Wie viele Paarungen gibt es dann insgesamt? _____

3 Abends wird Tischtennis gespielt. Wieder spielt jeder gegen jeden. Insgesamt wird 36-mal gespielt. Wie viele Teilnehmer sind es? _____

STICKER

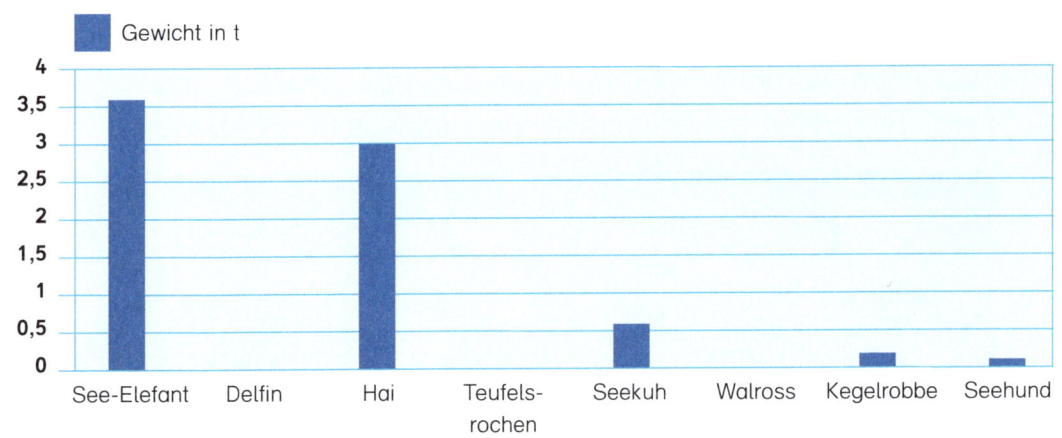

1 Wie schwer sind die Tiere? Trage ihr Gewicht jeweils in t und in kg in die Tabelle ein.

Tier	Gewicht in t	Gewicht in kg
See-Elefant		3 600 kg
Delfin	0,1 t	
Hai		
Teufelsrochen	2 t	
Seekuh		
Walross		1 000 kg
Kegelrobbe		
Seehund		

2 Zeichne die fehlenden Säulen in das Schaubild.

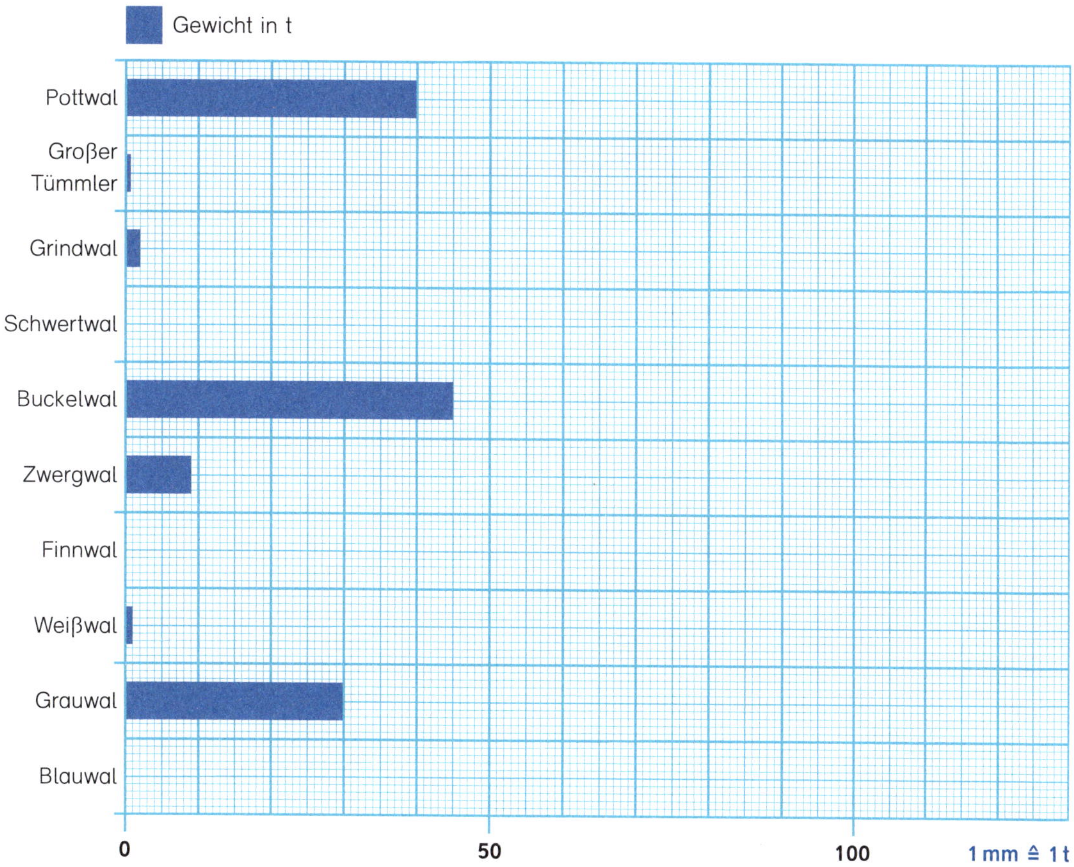

■ Gewicht in t

Pottwal

Großer Tümmler

Grindwal

Schwertwal

Buckelwal

Zwergwal

Finnwal

Weißwal

Grauwal

Blauwal

0   50   100   1 mm ≙ 1 t

3 Trage das Gewicht dieser Wale in das Schaubild ein.
Finnwal 80 t, Blauwal 130 t, Schwertwal 7 t

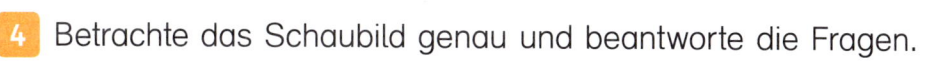

4 Betrachte das Schaubild genau und beantworte die Fragen.

Welcher Wal wiegt am meisten? _____

Welcher Wal ist am leichtesten? _____

Welcher Wal ist genau 30 t schwer? _____

Welche Wale wiegen weniger als 10 t?

_____

_____

_____

STICKER

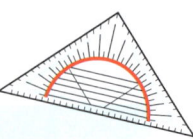

1 Zeichne weitere parallele Geraden zu g.

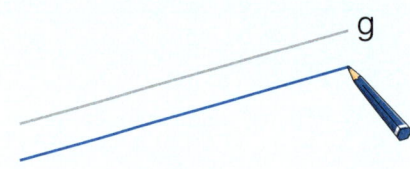

2 Zeichne jeweils drei senkrechte Geraden zu g.

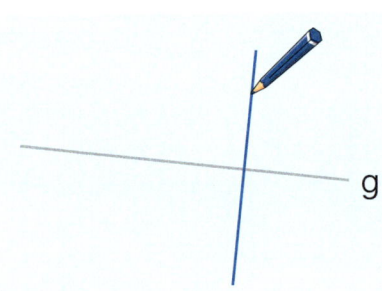

3 Kennzeichne parallele Geraden
und die Gerade, die senkrecht dazu steht .

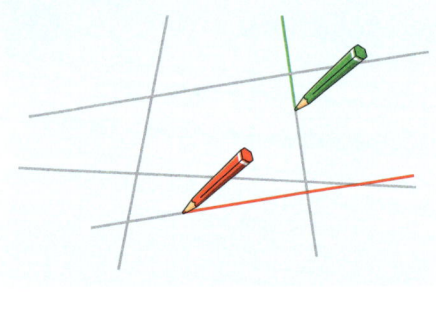

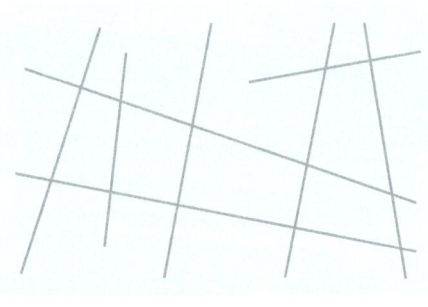

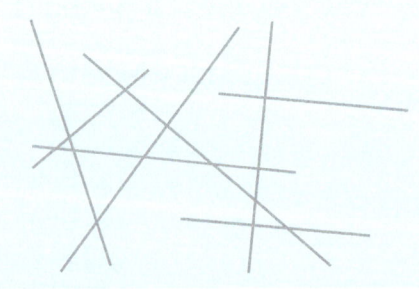

4 Zeichne in die Formen und Figuren rechte Winkel ein.

5 Zeichne ein Rechteck, das 5 cm lang und 3 cm breit ist.

Zeichne ein Quadrat mit der Seitenlänge 4 cm.

6 Zeichne mit dem Geodreieck weiter. Male an.

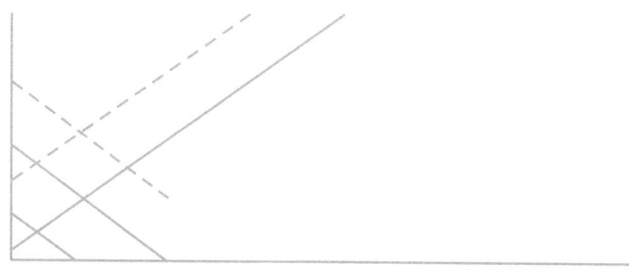

STICKER

1	2	3	4	5	6	7	8	9	10
11	12	13	14	15	16	17	18	19	20
21	22	23	24	25	26	27	28	29	30
31	32	33	34	35	36	37	38	39	40
41	42	43	44	45	46	47	48	49	50
51	52	53	54	55	56	57	58	59	60
61	62	63	64	65	66	67	68	69	70
71	72	73	74	75	76	77	78	79	80
81	82	83	84	85	86	87	88	89	90
91	92	93	94	95	96	97	98	99	100

2, 4, 6, 8 … nennt man **Vielfache** von 2.

1, 2, 4, 8, 16 sind **Teiler** von 16.

Primzahlen lassen sich nur durch 1 und sich selbst teilen. Die 1 ist keine Primzahl.

1   Finde alle Primzahlen bis 100.

1. Kreise die erste Primzahl ein. Das ist die 2.
   Streiche nun alle Vielfachen von 2 durch.

2. Kreise die erste, noch nicht durchgestrichene Zahl ein.
   Das ist die 3. Streiche nun alle Vielfachen von 3 durch.

3. Kreise die nächste, noch nicht durchgestrichene Zahl ein,
   also die 5. Streiche nun alle Vielfachen von 5 durch.

4. Kreise wieder die nächste, nicht durchgestrichene Zahl
   ein, also die 7. Streiche nun alle Vielfachen von 7 durch.

5. Kreise nun alle noch übrig gebliebenen Zahlen ein.
   Jetzt hast du alle Primzahlen bis 100 gefunden.

Achtung:
Die 1 ist keine
Primzahl!

2   Ich habe _____ Primzahlen bis 100 gefunden.

Die kleinste Primzahl ist die _____.

Die größte Primzahl bis 100 ist die _____.

3 Schreibe jeweils fünf Vielfache auf

von   8 : _____ , _____ , _____ , _____ , _____

von   40 : _____ , _____ , _____ , _____ , _____

von 100 : _____ , _____ , _____ , _____ , _____

von 250 : _____ , _____ , _____ , _____ , _____

von 333 : _____ , _____ , _____ , _____ , _____

Der Taschenrechner hilft dir.

4 Finde alle Teiler mit dem Taschenrechner.

24 : _____

32 : _____

100 : _____

112 : _____

500 : _____

5 Welche Zahlen sind Teiler von 3 264? Male an.

5

6

132

17

2

446

3 264

541

2123

1088

1632

STICKER

Addition	Subtraktion	Multiplikation	Division
addieren	subtrahieren	multiplizieren	dividieren
3 + 3 = 6	3 − 3 = 0	3 · 3 = 9	3 : 3 = 1
Summe	Differenz	Produkt	Quotient

1 Was gehört zusammen? Male in der gleichen Farbe an.

Addition	·	Summe	subtrahieren
−	addieren	Subtraktion	Produkt
:	Differenz	Quotient	+
dividieren	Multiplikation	multiplizieren	Division

2

Bilde die Summe von 40 und 23:
_____

Multipliziere 6 mit 50:
_____

Wie groß ist die Differenz zwischen 713 und 698?
_____

Bilde das Produkt aus 25 und 4:
_____

Subtrahiere 90 von 820:
_____

Addiere 417 und 520:
_____

Dividiere 810 durch 90:
_____

Der Quotient aus 350 und 7 ist:
_____

Addiere 12 und 9 und multipliziere die Summe mit 4:
_____

1 Meine Zahl …

… ist die Summe
von 512 und 356.

… ist das Produkt
aus 70 und 7.

… ist der Quotient
aus 70 und 7.

… ist die Summe von
10 und 15,
dividiert durch 5.

… ist die Differenz
zwischen 500 und 1 000,
multipliziert mit 6.

… ist das Produkt
aus 5 und 80,
addiert zu 327.

… erhältst du, wenn du die
Summen von 17 und 13 sowie
56 und 24 miteinander
multiplizierst.

… erhältst du, wenn du 68
von 100 subtrahierst und diese
Differenz durch 8 dividierst.

STICKER

Bei Fermi-Aufgaben kommt es nicht auf ein genaues Ergebnis an. Du sollst einen **Lösungsweg** finden.

1 Wie viele Viertklässler bräuchte man, um einen Blauwal tragen zu können?

Wie schwer ist ein Gegenstand, den du gerade tragen kannst?

Kann jeder Viertklässler gleich viel tragen?

Wie schwer ist ein
Blauwal ungefähr?

2 Wie viele Blauwale könnten an der tiefsten Stelle des Pazifischen
Ozeans direkt übereinanderschwimmen?

Wie hoch ist ein
Blauwal ungefähr?

STICKER

Wer hat recht? Kreuze an.

 Zuerst in den Klammern rechnen.

☐

8 · (70 + 30)

8 · 70 = 560

560 + 30 = 590

8 · (70 + 30) = 590

Nils

☐

8 · (70 + 30)

70 + 30 = 100

8 · 100 = 800

8 · (70 + 30) = 800

Lara

1

5 · (900 + 100) =

_____

(5 · 900) + 100 =

_____

3 · (250 − 210) =

_____

(3 · 250) − 210 =

_____

600 : (200 + 400) =

_____

(600 : 200) + 400 =

_____

350 : (7 − 2) =

_____

(350 : 7) − 2 =

_____

2 (250 + 150) : 5 = _____

(250 + 150) : 50 = _____

(640 + 260) : 9 = _____

(640 + 260) : 90 = _____

(420 − 60) : 6 = _____

(420 − 60) : 60 = _____

(810 − 90) : 9 = _____

(810 − 90) : 90 = _____

(560 : 80) · 5 = _____

(560 : 80) · 50 = _____

(50 · 7) : 7 = _____

(50 · 7) : 70 = _____

1 $7 \cdot 50 + 3 \cdot 50 =$ _____

Punktrechnung geht vor Strichrechnung.

$9 \cdot 40 - 3 \cdot 40 =$ _____ $6 \cdot 80 + 4 \cdot 80 =$ _____

$50 \cdot 5 - 30 \cdot 5 =$ _____ $50 \cdot 30 + 50 \cdot 30 =$ _____

$60 \cdot 20 - 20 \cdot 20 =$ _____ $70 \cdot 80 + 20 \cdot 80 =$ _____

2 $90 \cdot 4 + 20 : 5 =$ _____ $800 : 4 + 30 \cdot 8 =$ _____

$70 \cdot 9 - 300 : 6 =$ _____ $140 : 7 + 80 : 4 =$ _____

$27 : 3 + 500 \cdot 2 =$ _____ $560 : 8 - 280 : 4 =$ _____

$70 + 3 \cdot 200 - 80 =$ _____

$490 - 300 : 6 + 50 =$ _____

STICKER

1

+	5	20	25	50
100				
1 000				
10 000				
100 000				

–	5	20	25	50
100				
1 000				
10 000				
100 000				

·	5	20	25	50
100				
1 000				
10 000				
100 000				

:	5	20	25	50
100				
1 000				
10 000				
100 000				

2 Setze die passenden Rechenzeichen ein.

200 000 ◯ 4 = 50 000   200 000 ◯ 4 = 199 996

200 000 ◯ 4 = 800 000   200 000 ◯ 4 = 200 004

150 500 ◯ 5 = 30 100   150 500 ◯ 5 = 150 495

150 500 ◯ 5 = 150 505   150 500 ◯ 5 = 752 500

330 033 ◯ 3 = 330 036   330 033 ◯ 3 = 990 099

330 033 ◯ 3 = 330 030   330 033 ◯ 3 = 110 011

3

70 ◯ 80 = 6 000 ◯ 400   1 203 ◯ 3 = 3 618 ◯ 3

5 600 ◯ 8 = 4 900 ◯ 7   6 745 ◯ 5 = 13 500 ◯ 2

8 088 ◯ 88 = 40 ◯ 200   80 000 ◯ 10 000 = 4 ◯ 4

160 ◯ 160 = 9 600 ◯ 30   12 800 ◯ 2 = 80 ◯ 80

490 000 ◯ 70 000 = 700 ◯ 600

30 ◯ 30 000 = 427 836 ◯ 472 164

STICKER

1 Jan und Chiara dürfen auf der Kreuzfahrt Cocktails mixen.
Wie viel Saft haben die Kinder jeweils hergestellt? Trage ein.

Apfelsaft	Orangen-saft	Maracuja-saft	Bananen-saft	Kirsch-saft	Zitronen-saft	Menge insgesamt
20 ml	5 ml	30 ml	0 ml	0 ml	10 ml	_____ ml
0 ml	0 ml	0 ml	600 ml	$\frac{1}{2}$ l	0 ml	_____ ml
$\frac{3}{4}$ l	$\frac{1}{8}$ l	0 ml	0 ml	0 ml	$\frac{1}{10}$ l	_____ ml
$\frac{1}{8}$ l	$\frac{1}{8}$ l	$\frac{1}{8}$ l	0 ml	$\frac{1}{8}$ l	0 ml	_____ ml
$\frac{1}{10}$ l	0 ml	250 ml	0,1 l	125 ml	0 ml	_____ ml

2 Lara und Emilia haben einen sehr leckeren Saft
gemischt und eine 2-Liter-Karaffe damit randvoll gefüllt.
Chiara und Jan möchten gerne einen halben Liter
von dem leckeren Saft in Chiaras Karaffe umfüllen.
Sie haben aber keinen Messbecher.
Jans Karaffe fasst 750 ml.
Lara hat noch ein kleines Glas, das $\frac{1}{8}$ l fasst.
Wie können die Kinder es schaffen,
genau einen halben Liter Saft abzumessen?

Es gibt verschiedene Möglichkeiten.

3 Verbinde.

	0,2 l
	1 l
	10 l
	10 ml
	500 ml
	150 l

4 Immer drei Karten gehören zusammen. Male passend an.

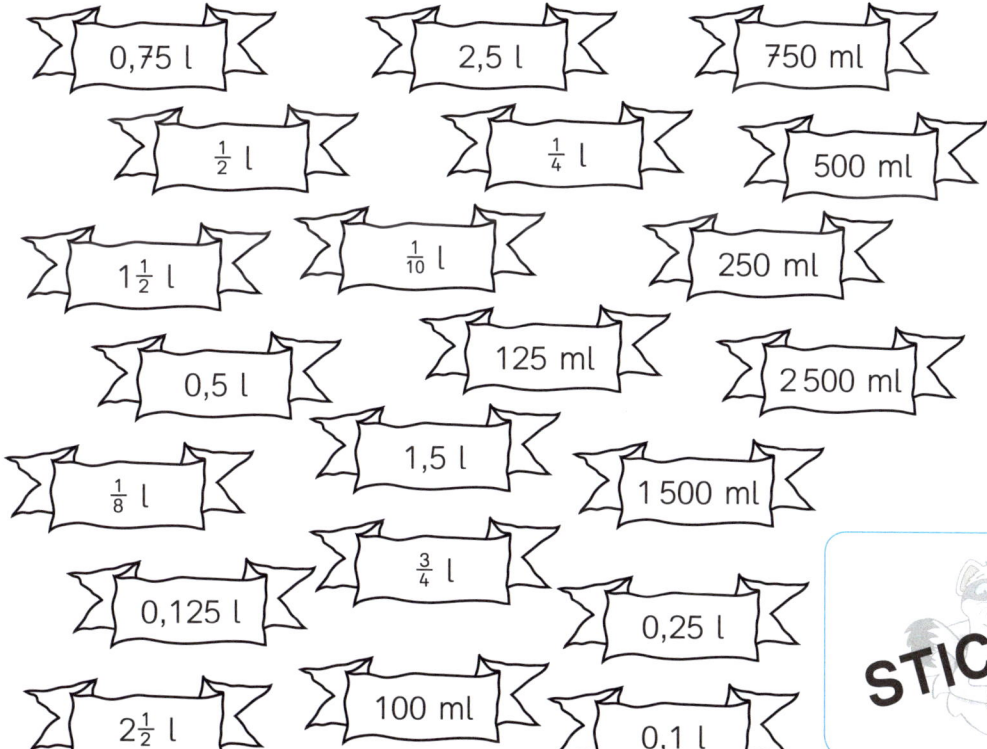

0,75 l   2,5 l   750 ml

$\frac{1}{2}$ l $\frac{1}{4}$ l   500 ml

$1\frac{1}{2}$ l $\frac{1}{10}$ l   250 ml

0,5 l   125 ml   2 500 ml

$\frac{1}{8}$ l   1,5 l   1 500 ml

0,125 l $\frac{3}{4}$ l   0,25 l

$2\frac{1}{2}$ l   100 ml   0,1 l

STICKER

1 Ergänze den Lückentext.

6 Stunden   4 323 qm

3 Jahren   3 Liter   6 Monaten   120 000 t   10 Tage

20:30 Uhr   32,3 m   40 km/h   1699 Euro   253,33 m

Lieber Niklas,

wir machen mit der ganzen Familie eine Kreuzfahrt. Die Reise dauert

_____. Unser Schiff ist riesig! Es ist _____ lang

und _____ breit. Das Restaurant, in dem wir mittags

essen, hat eine Fläche von _____. Da würde unser
Wohnzimmer 216-mal reinpassen! Kannst du dir das vorstellen?
Das Schiff fährt mit einer Geschwindigkeit von 22 Knoten.
Mein neuer Freund hat mir erklärt, dass das etwa so schnell ist wie

_____ mit dem Auto.
Tanken muss das Schiff natürlich auch. Pro Person verbraucht das

Schiff im Schnitt _____ Treibstoff auf 100 km Fahrt.
Außer uns sind hier noch etwa 3 000 andere Gäste an Bord.

Das Schiff wiegt _____. Damit ist es so schwer wie
24 000 Elefanten. Ist das nicht unglaublich?
Für uns Kinder gibt es hier bis zu _____ lang täglich

ein tolles Kinder-Programm. Es endet um _____.

Mitmachen dürfen alle Kinder im Alter von _____ bis
12 Jahren.

Papa hat die Reise schon vor _____ gebucht und sie
uns allen zu Weihnachten geschenkt.

Er hat dafür _____ bezahlt. Dafür hätte ich mein
Taschengeld neun Jahre lang sparen müssen.
Jetzt muss ich Schluss machen, die Schatzsuche fängt an.

Viele Grüße
Jan

2 Ergänze.

0,1 l	0,5 l	0,5 l	1,2 l	9,7 l	3,75 l	
			2,7 l	0,3 l		
1,0 l	1,0 l	1,2 l			10,0 l	0,75 l

25,3 kg	179,2 kg	852,6 kg		222,9 kg	872,0 kg	321,3 kg
24,1 kg			611,6 kg		101,1 kg	
	200,0 kg	1 000 kg	712,6 kg	321,9 kg		500 kg

3 <, > oder = ? Setze richtig ein.

1,2 kg ◯ 1 200 g	0,75 l ◯ $\frac{3}{4}$ l	0,2 l ◯ 0,4 l
1,2 g ◯ 1 200 g	0,75 l ◯ 0,5 l	$\frac{1}{10}$ l ◯ $\frac{1}{2}$ l
1,2 t ◯ 1 200 kg	0,75 l ◯ 1,25 l	$\frac{1}{4}$ l ◯ 0,25 l
1,2 t ◯ 1 200 g	0,75 l ◯ 750 ml	$\frac{1}{4}$ l ◯ $\frac{1}{8}$ l

1 234 567,89 m ◯ 987 654,32 m

123 456,78 m ◯ 123 465,78 m

123 456,78 € ◯ 123 456,87 €

1 001 001,10 € ◯ 1 000 101,11 €

STICKER

1 Emilia, Ferdinand und ihr Vater machen einen Tagesausflug. Sie warten auf die Fähre vom Piratenhafen zum Forscherriff.

Es ist jetzt 07:50 Uhr. Die nächste Fähre fährt um _____ Uhr ab.

Für Hin- und Rückfahrt kaufen sie an der Kasse _____

_____

_____ . Der Vater muss insgesamt ____ Euro bezahlen.

2 Vier Taucher beenden ihre Forschungsreise und fahren vom Forscherriff zum Piratenhafen. Sie treffen sich um 07:07 Uhr und

verpassen die Fähre um _____ Uhr um 2 Minuten. Die nächste

Fähre fährt um _____ Uhr ab. Sie müssen _____ Minuten

warten und kaufen in der Zwischenzeit _____

_____ .

Zusammen bezahlen sie _____ Euro für die Fährüberfahrt.

3 Sechs Forscher möchten gemeinsam vom Forscherriff zum Piratenhafen fahren. Sie treffen sich um 12:30 Uhr. Sie müssen

_____ Minuten auf die nächste Fähre warten.

Sie bezahlen _____ .

STICKER

Gemischtes Rechnen

1 Setze fort. Finde die Regeln.

	Regel
538, 608, 678, ____, ____, ____, ____	____
240, 480, 960, ____, ____, ____, ____	____
4, 80, 1 600, ____, ____, ____	____
62 000, 6 200, 12 400, ____, ____, ____	____
10, 30, 25, 75, ____, ____, ____, ____	

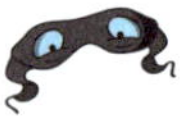

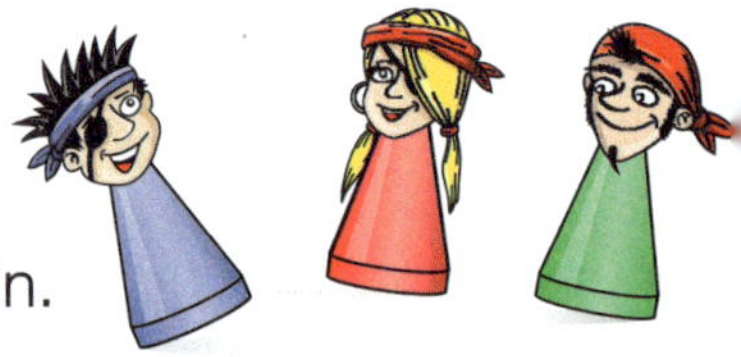

2 Rechne und trage die fehlenden Ergebnisse ein.

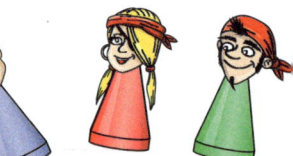

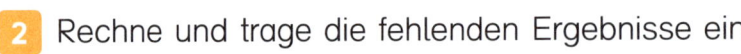

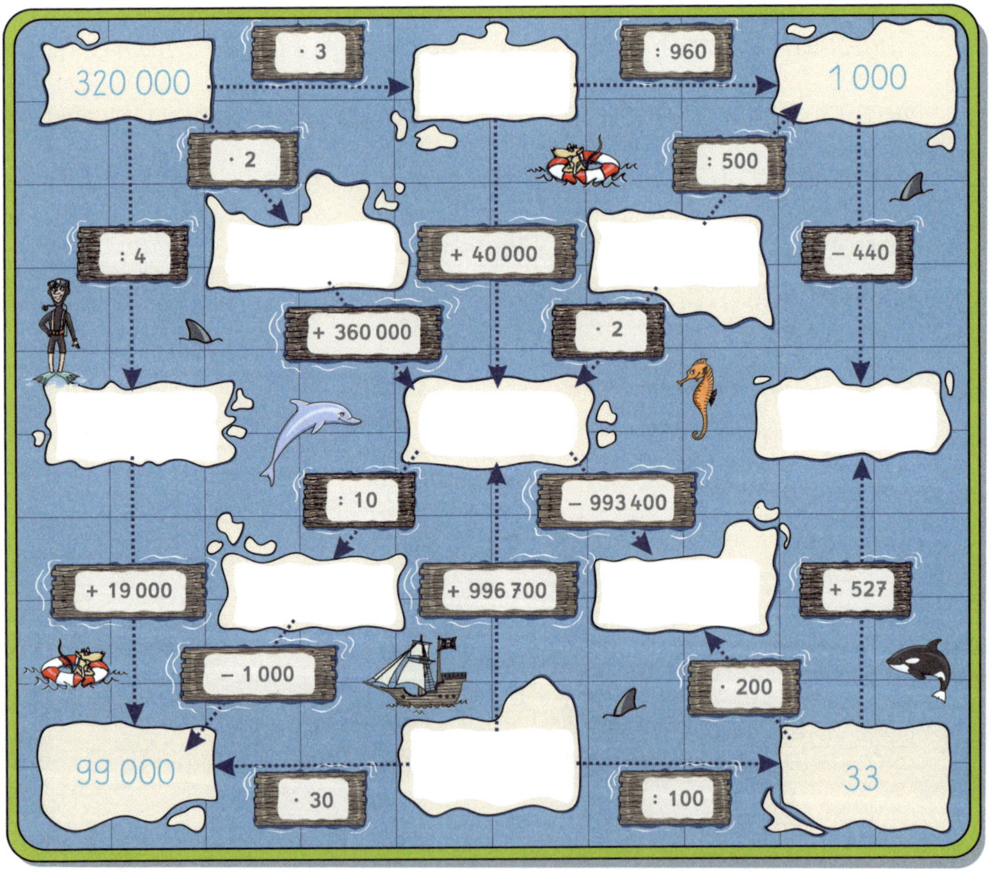

320 000
· 3
: 960
1 000
· 2
: 500
: 4
+ 40 000
– 440
+ 360 000
· 2
: 10
– 993 400
+ 19 000
+ 996 700
+ 527
– 1 000
· 200
99 000
· 30
: 100
33